Mathias Jung

Kant
Die Revolution der Vernunft

Perspektiven der Menschlichkeit

die
blaue
reihe

Er glänzt uns vor, wie ein Komet entschwindend,
Unendlich Licht mit seinem Licht verbindend.

Karl Vorländer
Immanuel Kant. Der Mann und das Werk

Mathias Jung

Kant

Die Revolution der Vernunft
Perspektiven der Menschlichkeit

die
blaue
reihe

ISBN 978-3-89189-174-2
1. Auflage 2008
Zeichnungen: Andrea Montermann
Umschlagfoto: akg Images,
Gemälde von Gottlieb Döppler
Umschlaggestaltung: Martin Gutjahr-Jung
Gesamtherstellung: Kösel, Krugzell

In dankbarem Gedenken
an meinen Doktorvater,
den mutigen Freigeist und Philosophen
Prof. Dr. Dr. Friedrich Schneider (Bonn)

(1915–1976)

Inhalt

Denker in dürftiger Zeit: Die deutsche Misere

Kants Lehre bringt in jedem Kopf, der sie gefasst hat, eine fundamentale Veränderung hervor, die so groß ist, dass sie für eine geistige Wiedergeburt gelten kann.

Arthur Schopenhauer

Es liegt einiges in der Luft. Im Frankreich Ludwig XVI. gärt es. „Die großen Männer, die in Frankreich die Köpfe für die kommende Revolution klärten, traten selbst äußerst revolutionär auf", schreibt Friedrich Engels. Sie erkennen keine äußere Autorität an. Religion, Naturanschauung, Gesellschaft und Ökonomie des Feudalstaates werden von den bürgerlich gestimmten Aufklärern – Voltaire, Diderot, Helvetius, Holbach, LaMettrie, Quesnay, Turgot

ZOLL
HEILIGES
RÖMISCHES REICH
DEUTSCHER NATION

und anderen – der schonungslosen Kritik unterworfen. Alles soll seine Existenz vor dem Richterstuhl der Vernunft rechtfertigen – oder untergehen.

Deutschland, dieser feudalabsolutistische Fleckerlteppich von rund dreihundert Fürstentümern und fünfzig reichsunmittelbaren Städten, scheint tief zu schlafen. Was sich da bis zur Auflösung im Jahr 1806 anspruchsvoll „Heiliges Römisches Reich Deutscher Nation" nennt, ist seit dem Westfälischen Frieden von 1648 ein feudaler Sperrmüll, eine Art Verbundsystem ohne finanzielle und militärische Zentralgewalt.

„Ich kann kein Volk mehr denken, das zerrissener wäre wie die Deutschen", schreibt der Dichter Hölderlin in seinem *Hyperion*. Sein Freund Hegel notiert in seinem ersten politischen Aufsatz: „Allgemein und tief ist das Gefühl, dass das Staatsgebäude, so wie es jetzt noch besteht, unhaltbar ist, – allgemein ist die Ängstlichkeit, dass es zusammenstürzen und in seinem Falle jeden verwunden werde … Bei dem Gefühl eines Wankens der Dinge sonst nichts tun, als getrost und blind den Zusammensturz des alten, überall angebrochenen, in seinen Wurzeln angegriffenen Gebäudes zu erwarten und sich von dem einstürzenden Gebälk zerschmettern zu lassen, ist ebenso sehr gegen alle Klugheit als gegen die Ehre."

Da legt 1781 im äußersten Winkel Ostpreußens ein 1,57 m kleiner, körperlich verwachsener, siebenundfünfzigjähriger Universitätsprofessor ein schwer lesbares philosophisches Werk vor, das die deutsche Geistesszene tiefgreifend verändern wird. Das Buch heißt *Kritik der reinen Vernunft*, der Verlagsort ist Königsberg, der Verfasser Immanuel Kant. Mit diesem Denker und mit diesem Buch, so wird Heinrich Heine urteilen, „beginnt eine geistige Revolution in Deutschland, die mit der materiellen Revolution in Frankreich die sonderbarsten Analogien bietet und dem tieferen Denker ebenso wichtig dünken muss wie jene".

Kants Leben, eine akademische Durchschnittslaufbahn dieses kleinherzigen deutschen Jahrhunderts, ist schnell erzählt: Den am 22. April 1724 Geborenen erwarten eine Arme-Leute-

Kindheit, Demütigungen, kleinbürgerlicher Fleiß und preußisch-protestantischer Drill. Spät, sehr spät erfolgt der akademische Aufstieg.

Der Riemenmeister Johann Kant kann seine elf Kinder kaum ernähren. Nur vier erreichen das Erwachsenenalter. Regina Kant, nach dankbarer Aussage ihres großen Sohnes „eine liebreiche, gefühlsvolle, fromme und rechtschaffene Frau, eine zärtliche Mutter", führt den körperlich schwächlichen, aber begabten Jungen dem Konsistorialrat Schultz und damit der Aufnahme in die Lateinschule, dem Collegium Fridericianum, zu. An den Drill dieser religiösen „Jugendsklaverei" wird sich der Religionskritiker Kant Zeit seines Lebens nur mit „Schrecken und Bangigkeit" erinnern. Es ist der Geist eines weltflüchtigen Pietismus, der die Erde als Jammertal geißelt und den Kindern ihre angeblich schwere Sündhaftigkeit täglich aufs Neue einhämmert. Knieend müssen sie aus dem Gesangsbuch erniedrigende Erkenntnislieder singen wie: „Tief gebeugt und voller Scham/beim Bewusstsein meiner Blöße/fühle ich Wehmut, Angst und Gram/sehe ich meiner Sünden Größe."

Die geistlichen Erzieher quälen die Jungen mit inquisitorischen Fragen: „Prüft Euch, habt Ihr alle fleischliche Bequemlichkeit abgelegt? Hasset Ihr Euer Leben? Ist Euer eigener Wille geopfert?" Die Jungen werden zu Schuldbekenntnissen und Selbstentblößung gezwungen. Es ist zwingend vorgeschrieben, „dass ein jeder sich selbst prüfe, zu welcher Klasse er gehört, zu den Unbekehrten oder den Bekehrten". Der junge Immanuel muss seinen „sündigen Seelenzustand" schriftlich formulieren und den Erziehern ausliefern. Kant hasst den pedantisch finsteren Geist und die Zucht der geistigen Fanatiker. Beides wird er nie vergessen. Es bestimmt später seine skeptische Sicht gegenüber der Religion als fleischgewordener Institution der Bevormundung und Intoleranz. Er wird die „Selbstausspähung" als „Terrorism" bezeichnen und mit der Unterdrückungstheologie des Pietisten Francke brechen. Noch in seinen Vorlesungen über Pädagogik äußert Kant mit Bitterkeit: „Viele Leute denken, ihre Jugendjahre seien die besten und die angenehmsten ihres Lebens gewesen. Aber dem ist wohl nicht so. Es sind die beschwerlichsten Jahre, weil man da sehr unter der Zucht ist, selten einen eigentlichen Freund und noch seltener Freiheit haben kann."

Eine Bildungsalternative zu dem kostenlosen Besuch des pietistischen Instituts gibt es für den armen Handwerkersohn nicht. Der Klassenprimus Immanuel rächt sich geistig: Zum Lieblingsautor erwählt er sich den römischen Materialisten und Atheisten Lucrez. Von ihm stammt der Satz: „Timor facit deos", „Die Furcht erzeugt Götter".

1740, im Jahr der Thronbesteigung des preußischen Königs und Aufklärers Friedrich II., immatrikuliert sich Kant an der Universität seiner Heimatstadt. Um sich finanziell über Wasser zu halten, gibt er während seines Studiums anderen Studenten Nachhilfeunterricht. Kant widmet sich besonders der Mathematik, der Naturwissenschaft und der Philosophie. Fasziniert ist er von dem jungen, knapp über dreißig Jahre alten Universitätslehrer Martin Knutzen. Der brillante Hochschullehrer konfrontiert Kant mit den Grundfragen der rationalistischen und empirischen Erkenntnistheorie, vor allem aber mit der, methodisch epochalen, Himmelsmechanik Newtons. Newton wird in seiner methodischen Klarheit und Strenge für Kant der Inbegriff für Wissenschaftlichkeit und sauberes, metaphysikkritisches Denken. Alles in der Welt Erfahrbare muss als „Naturwirkungen" beurteilt werden, wird Kant später fordern, das Übersinnliche liegt theoretisch jenseits des Erkennens.

Kant hat bereits als Vierzehnjähriger seine geliebte Mutter verloren. Ihre starke Persönlichkeit wie ihr früher Verlust haben ihn geprägt. Kant: „Nie werde ich meine Mutter vergessen, denn sie pflanzte und nährte zuerst den Keim des Guten in mir, sie öffnete mein Herz den Eindrücken der Natur, sie weckte und erweiterte meine Begriffe, und ihre Lehren haben einen immerwährenden heilsamen Einfluss auf mein Leben gehabt."

Als Kants Vater 1746 stirbt, vermeldet das Kirchenbuch: Armenbegräbnis. Dem Studenten Kant selbst konnte es, wie der Biograf Jachmann berichtet, geschehen, „dass sein einziger Rock Schaden genommen hatte und er das Haus nicht verlassen konnte, bis der Schneider die Reparatur vorgenommen hatte". Vergessen wir nicht: Wir befinden uns im Preußen Friedrich II., der von der Hohenzollern-Historiografie „der Große" genannt wird. Friedrich II., das heißt Armut und Ausplünderung der leibeigenen Bauern und der Bürger. Vor allem aber Krieg. Unentwegt Krieg. Gegen Frankreich. Gegen Russland. Gegen das Königreich Sachsen. Krieg besonders gegen Habsburg-Österreich: 1740 bis 42, 1744/45, 1756 bis 63, 1778/79. Der feudale Militärstaat expandiert durch den Raub Schlesiens, Westpreußens, Ermlands, Netzedistrikts zur europäischen Großmacht. Pingelig ist der „Aufklärerkönig" nicht. „Der Fürst wirft seinen Philosophenmantel ab und ergreift den Degen", schreibt bissig sein geistiger Mentor Voltaire, „sobald er eine Provinz erblickt, die ihm gefällt" (vgl. M. Jung *Voltaire. Die Waffe des Geistes*, 2007).

Dieser friedericianische Militarismus ist Gift für die Volksbildung. Es ist eine Zeit, in der – trotz Schulpflicht – nur fünfundzwanzig Prozent der preußischen Kinder zur Schule gehen. Die Pädagogik, zum Teil von Friedrichs ausgemusterten Soldaten exekutiert, besteht vornehmlich aus Bibelsprüchen, Kopfnüssen und Stockschlägen.

Das Volk liefert das Kanonenfutter, zahlt Sondersteuern über Sondersteuern und hat das Maul zu halten. Allein der Siebenjährige Krieg gegen die Kaiserin Maria Theresia kostet Preußen einhundertneununddreißig Millionen Taler. Ihm fallen hundertachtzigtausend Soldaten zum Opfer, nicht gezählt die Verluste der Zivilbevölkerung. Der Widerstand gegen diese feudalen Blutbäder wagt sich nur versteckt, in der Hülle philosophischer Systeme etwa, zu regen. Der Dichter und Aufklärer Gotthold Ephraim Lessing schreibt 1769: „Lassen Sie einen in Berlin auftreten, der für die Rechte der Untertanen, der gegen Aussaugung und Despotismus seine Stimme erheben wollte, wie es jetzt in Frankreich und Dänemark geschieht, und Sie werden bald die Erfahrung haben, welches Land bis auf den heutigen Tag das sklavischste Land in Europa ist."

Denker in dürftiger Zeit: Kants Schicksal. 1747 bis 1755 bescheidene Jahre als Hauslehrer auf preußischen Gütern. 1755 philosophische Promotion an der Königsberger Universität mit der Schrift *De igne (Über das Feuer)*, Privatdozentur, Stellung als königlicher „Schlossunterbibliothekar". Erst mit sechsundvierzig Jahren wird Kant 1770 ordentlicher Professor für Logik und Metaphysik. Kant ist früh schon ein bekannter Publizist und ein beliebter und geistreicher Hochschullehrer. Er wird Dekan und mehrfach Rektor der Königsberger Universität. Durch seine Sparsamkeit und seine durch den englischen Freund und Kaufmann Green geschickt platzierten Geldanlagen erwirbt er ein beachtliches Vermögen. Kant kauft ein mit zweihundertfünfzig Quadratmetern geräumiges Haus mit eigenem Vorlesungssaal. Er beschäftigt einen Leibdiener, den Exsoldaten Martin Lampe, und eine Köchin. Der Philosoph liebt eine gute Küche und Geselligkeit. Er kleidet sich sorgfältig und pflegt gesellschaftlichen Umgang mit den Honoratioren der Stadt und der Universität.

Denn vergessen wir nicht, Königsberg, am Fluss Pregel gelegen, ist mit seinen etwa fünfzigtausend Einwohnern eine aufstrebende kapitalistische Industrie- und Handelsstadt. Da gibt es

Brauereien, vielfältiges Handwerk, Mühlen, Sägewerke, Tuchfabriken und Werftanlagen, eine eigene Börse und einen bedeutenden Hafen. Das Bürgertum ist selbstbewusst, geistig rege – und der preußische König residiert entfernt in Berlin. Die Stadt beherbergt zahlreiche Vertreter englischer, französischer und holländischer Handelshäuser; die Atmosphäre ist weltoffen, es gibt vier Buchhandlungen. Noch in seiner Altersschrift *Anthropologie in pragmatischer Hinsicht* rühmt Kant den Glanz Königsbergs: „Eine große Stadt, der Mittelpunkt eines Reichs, in welchem sich die Landescollegia der Regierung desselben befinden, die eine Universität (zur Kultur der Wissenschaften) und dabei noch die Lage zum Seehandel hat, welche durch Flüsse aus dem Innern des Landes sowohl, als auch mit angrenzenden entlegenen Ländern von verschiedenen Sprachen und Sitten einen Verkehr begünstigt – eine solche Stadt wie etwa Königsberg am Pregelflusse, kann schon für einen schicklichen Platz zur Erweiterung sowohl der Menschenkenntnis als auch der Weltkenntnis genommen werden; wo diese, auch ohne zu reisen, erworben werden kann."

Das Reisen liegt dem Denker Kant ohnehin nicht – nie verlässt er die Region Königsberg. Kant, der unter anderem als Hochschullehrer Geografie lehrt und sich eine frappierende Kenntnis der Welt und ihrer Hauptstädte theoretisch anliest, wird oft für einen erfahrenen Weltreisenden gehalten. Tatsächlich hat er außer Königsberg keine größere Stadt Deutschlands gesehen, geschweige denn Länder wie England und Frankreich, die er wegen ihres gesellschaftlichen Fortschritts achtet. Das wirft ein Licht auf die beengte Situation eines deutschen Intellektuellen im achtzehnten Jahrhundert. Man muss schon ein Millionärssohn und Minister wie Goethe sein, um sich Luxusreisen mit der Kutsche ins Ausland leisten zu können.

1770 reicht Kant bei Antritt seines Lehramtes als eine Art Habilitationsschrift die Abhandlung *De mundi sensibilis atque intelligibilis forma et principiis* (*Von den Formen der Sinn- und Verstandeswelt und ihren Gründen*) ein und veröffentlicht sie. Hier deutet er bereits die Grundfragen der Erkenntnistheorie an, die er elf Jahre später in seiner epochalen *Kritik der reinen Vernunft* ausführen wird. Es ist seine letzte lateinisch gehaltene Schrift. Kant ist der erste bedeutende philosophische Autor, der seine Werke in Deutsch veröffentlicht und sie damit einem breiteren akademischen Publikum bekanntmacht.

Bereits als Magister ist Kant ein begeisterter und begeisternder Lehrer. Der Dichter, Theologe und Wissenschaftler Johann Gottfried Herder (1744–1803), ein späterer philosophischer Gegner, studiert bei Kant. Er erinnert sich 1795 in seinen *Briefen zur Beförderung der Humanität* an die moussierende Atmosphäre im meist überfüllten Hörsaal: „Ich habe das Glück genossen, einen Philosophen zu kennen, der mein Lehrer war. Er, in seinen blühendsten Jahren, hatte die fröhliche Munterkeit eines Jünglings, die, wie ich glaube, ihn auch in sein greisestes Alter begleitet. Seine offene, zum Denken gebaute Stirn war ein Sitz unzerstörbarer Heiterkeit und Freude; die gedankenreichste Rede floss von seinen Lippen; Scherz und Witz und Laune standen ihm zu Gebot, und sein lehrender Vortrag war der unterhaltendste Umgang. Mit eben dem Geist, mit dem er Leibniz, Wolff, Baumgarten, Grotius, Hume prüfte und die Naturgesetze

Kepplers, Newtons, der Physiker verfolgte, nahm er auch die damals erscheinenden Schriften Rousseaus, seinen *Emile* und seine *Heloise*, sowie jede ihm bekannt gewordene Naturentdeckung auf, würdigte sie und kam immer zurück auf unbefangene Kenntnis der Natur und auf moralischen Wert des Menschen. Menschen, Völker-, Naturgeschichte, Naturlehre, Mathematik und Erfahrung waren die Quellen, aus denen er seinen Vortrag und Umgang belebte, nichts Wissenswürdiges war ihm gleichgültig; keine Kabale, keine Sekte, kein Vorteil, kein Namensehrgeiz hatte je für ihn den mindesten Reiz gegen die Erweiterung und Aufhellung der Wahrheit. Er munterte auf und zwang angenehm zum *Selbst*denken; Despotismus war seinem Gemüte fremd. Dieser Mann, den ich mit größter Dankbarkeit und Hochachtung nenne, ist Immanuel Kant, sein Bild steht angenehm vor mir."

Kant ist ein aktiver Aufklärer. Noch in seinen letzten Dozentenjahren sagte er: „Ich lese nicht für die Genies, denn sie brechen sich nach ihrer Natur selbst die Bahn; nicht für die Dummen, denn sie sind nicht der Mühe wert; aber für die, welche in der Mitte stehen und für ihren künftigen Beruf gebildet sein wollen."

Kant wird von drei europäischen Denkern am stärksten geprägt: Newton, Hume, Rousseau. Newton weist ihm, gegen die spekulative Metaphysik, den Weg zur wissenschaftlichen Erkenntnis der äußeren Natur. Hume reißt Kant aus dem „dogmatischen Schlummer" (Kant), indem er ihn zwingt, die Grenzen der Sinneserkenntnis zu erforschen. Rousseau wird für Kant ein „zweiter Newton" (Kant), weil er ihm einen Blick auf die unverstellte Menschennatur eröffnet. Er habe „zuallererst unter der Mannigfaltigkeit der menschlichen angenommenen Gestalten die tief verborgene Natur des Menschen" entdeckt. Diese echte, unverfälschte Menschennatur gelte es, nach der Lektüre von Rousseaus Schriften wiederherzustellen.

Während ein Voltaire die Maxime Rousseaus *retour à la nature* als Zivilisationsflucht und Rückkehr in die Barbarei geißelt, versteht Kant ihn anders: „Rousseau verfährt synthetisch und fängt vom natürlichen Menschen an, ich verfahre analytisch und fange vom gesitteten an." Kant verherrlicht nicht „die Glückseligkeit des Wilden“, sondern besteht darauf, dass der moderne Mensch inmitten der „geselligen Üppigkeit“ ein gesitteter Mensch der Natur bleibe. Angesichts der ökologischen Katastrophensituation des 21. Jahrhunderts von der Verknappung des Wassers bis zum Klimawandel scheint dies aktueller denn je. In einer Nachlassnotiz erläutert Kant, die „ganze Absicht“ Rousseaus laufe darauf hinaus, „den Menschen durch Kunst dahin zu bringen, dass er alle Vorteile der Kultur mit allen Vorteilen des Naturzustandes vereinigen könne. Rousseau will nicht, dass man in den Naturzustand zurück gehe, sondern darin zurück sehen soll.“ In Kants Arbeitszimmer gibt es ein einziges Bild: das Porträt Rousseaus.

Kants Frühschriften, zu Unrecht als „vorkritisch“ rubriziert – sie müssen vorkritizistisch heißen –, machen ihn bereits berühmt. Von diesen Studien wird noch zu sprechen sein. Fünfzehn lange Jahre muss der Privatdozent Dr. Kant jedoch auf eine Professur warten. Erst 1770, nachdem er Berufungen nach Erlangen und Jena abgelehnt hat, erhält der inzwischen über die Grenzen Königsberg bekannte Hochschullehrer, auf persönliche Intervention des aufklärerisch gesonnenen Kultusministers von Zedlitz, die ordentliche Professur. Kant bringt jetzt nach einer Fülle kleinerer Schriften die große theoretische Ernte in die Scheuer. 1781 erscheint die *Kritik der reinen Vernunft*, das Produkt zehnjähriger intensiver Arbeit. 1783 folgen die *Prolegomena zu einer jeden künftigen Metaphysik, die als Wissenschaft wird auftreten können.* 1785 erscheint die *Grundlegung zur Metaphysik der Sitten*, 1786 die *Metaphysischen Anfangsgründe der Naturwissenschaft*, 1788 die *Kritik der praktischen Vernunft*, 1790 die *Kritik der Urteilskraft*, 1793 die *Religion innerhalb der Grenzen der bloßen Vernunft*, 1795 die Schrift *Zum ewigen Frieden*, 1798 *Der Streit der Fakultäten.*

Kant gilt nunmehr als der erste Philosoph Deutschlands. Er wird zweimal Rektor der Universität (1786 und 1788). Er ist Mitglied der Akademie der Wissenschaften in Berlin, Petersburg und Siena sowie Kandidat der Akademie in Paris. Er ist ein Universalgelehrter und an der philosophischen Durchdringung und Verantwortung der Wissenschaft interessiert. Kant wendet sich, modern gesprochen, gegen die wissenschaftlichen „Fachidioten“ und einseitig spezialisierten „erfinderischen Zwerge“ (Brecht). Der Wissenschaftler bedürfe der „Weisheit“, sonst degeneriere er zum (einäugigen) „Zyklopen der Gelehrsamkeit“ (Kant).

Kants Warnung wurde im 20. Jahrhundert katastrophal ignoriert: „Einäugige“ waren zum Beispiel die Atomphysiker des „Projekt Manhattan“ wie Einstein und der bis zu seinem Tod uneinsichtige Teller. Einsteins Autorität gab den Anstoß für dieses militärische Großprojekt. Die Atombombe wurde gebaut und in der Wüste von Nevada erfolgreich getestet. Nach der Kapitulation Deutschlands am 8. Mai 1945 warf die US-Luftwaffe im August des gleichen Jahres zwei Atombomben über die japanischen Großstädte Hiroshima und Nagasaki ab. Sie tötete damit über zweihundertsechzigtausend Menschen. Dabei hatte sich herausgestellt, dass der Wettlauf der USA mit den Deutschen ein amerikanischer Alleingang war – es gab kein ernstzunehmendes Projekt einer deutschen Atombombe. Um so engagierter kämpfte Einstein dann gegen die atomare Aufrüstung der Großmächte und das ihm „verhasste Militär“. Einstein (in *Mein Weltbild*, Zürich 2005): „Wenn einer mit Vergnügen in Reih und Glied zu einer Musik marschieren kann, dann verachte ich ihn schon; er hat sein großes Gehirn nur aus Irrtum bekommen, da für ihn das Rückenmark schon völlig genügen würde. Diesen Schandfleck der Zivilisation sollte man so schnell wie möglich zum Verschwinden bringen. Heldentum auf Kommando, sinnlose Gewalttat und die leidige Vaterländerei, wie glühend hasse ich sie und wie gemein und verächtlich erscheint mir der Krieg."

Nur die Philosophie, genauer eine philosophische Grundhaltung, vermag die Dinge in ihrem Zusammenhang zu sehen und verantwortungsvoll mit dem rein positivistischen Wissen umzugehen. Deshalb setzt die Philosophie Kants dem Zyklopen gleichsam ein zweites Auge ein, „welches macht, dass er seinen Gegenstand noch aus dem Gesichtspunkt anderer Menschen ansieht. Hierauf gründet sich die Humanität der Wissenschaft … Einem jeden … muss ein Auge aus besonderer Fabrik beigestellt werden: dem Medicus Kritik unserer Naturerkenntnis, dem Juristen unsere Rechts- und Moralerkenntnis, dem Theologen unsere Metaphysik, dem Geometer Kritik der Vernunfterkenntnis überhaupt. Das zweite Auge ist also das der Selbsterkenntnis der menschlichen Vernunft ohne welches wir kein Augenmaß der Größe unserer Erkenntnis haben."

Umgekehrt bedarf die Philosophie nach Kant auch der Naturwissenschaft, sonst wird sie zum Geschwätz: „Denn Philosophie in der letzteren Bedeutung ist ja die Wissenschaft der Beziehung alles Erkenntnisses und Vernunftgebrauchs auf den Endzweck der menschlichen Vernunft, dem, als dem obersten, alle anderen Zwecke subordiniert (untergeordnet – M.J.) sind und sich in ihm zur Einheit vereinigen müssen." In der gleichen Passage seiner Logik-Vorlesungen fährt Kant fort: „Ohne Kenntnisse wird man nie ein Philosoph werden, aber nie werden auch Kenntnisse allein den Philosophen ausmachen, sofern nicht eine zweckmäßige Verbindung aller Erkenntnisse und Geschicklichkeiten zur Einheit hinzukommt.... Es kann sich überhaupt keiner einen Philosophen nennen, der nicht philosophieren kann. Philosophieren lässt sich aber nur durch Übung und selbst eigenen Gebrauch der

Vernunft lernen … Der wahre Philosoph muss also als Selbstdenker einen freien und selbst eigenen, keinen sklavisch nachahmenden Gebrauch von seiner Vernunft machen."

Hier bestimmt Kant das „Feld der Philosophie in dieser weltbürgerlichen Bedeutung" durch seine vier unsterblich gewordenen Fragen:

1. Was kann ich wissen?
2. Was soll ich tun?
3. Was darf ich hoffen?
4. Was ist der Mensch?

Die erste Frage beantwortet nach Kant die Metaphysik, die zweite die Moral, die dritte die Religion und die vierte die Anthropologie. Der Mensch muss demnach bestimmen können: 1. Die Quellen des menschlichen Wissens, 2. Den Umfang des möglichen und nützlichen Gebrauchs alles Wissens und endlich 3. Die Grenzen der Vernunft.

Kant macht mit seinen Büchern, Aufsätzen und seiner Vorlesungstätigkeit die Universität Königsberg zu einem geistigen Zentrum Deutschlands. Gezwungen durch seine schwache Konstitution setzt er alles auf seine eiserne Willenskraft und einen gleichförmigen Tagesablauf. Sein Diener Martin Lampe muss ihn um fünf Uhr mit den Worten wecken: „Es ist Zeit". Dann genießt Kant zwei Tassen Tee und eine Pfeife Tabak als Frühstück. Noch im Morgenrock bereitet er die jeweiligen Vorlesungen vor. Er liest sie von sieben bis neun Uhr oder von acht bis zehn Uhr. Jachmann erinnert sich: „Kant war ein Muster von Pünktlichkeit in allen seinen Vorlesungen. Mir ist in den neun Jahren, in welchen ich seinem Unterricht beiwohnte, nicht ein Fall erinnerlich, dass er hätte eine Stunde ausfallen lassen oder dass er nur eine viertel Stunde versäumt hätte." Danach arbeitet Kant, wieder im Morgenrock, bis 12.45 Uhr an seinen Veröffentlichungen. Dann kleidet er sich um und empfängt um 13.00 Uhr seine Tischgäste. Diese bleiben in der Regel bis vier Uhr nachmittags. Kant befindet: „Allein zu essen ist für einen philosophierenden Gelehrten ungesund."

Kant ist freundlich und kommunikativ. Er liebt eine gute Unterhaltung und vielseitige Informationen. Über Philosophie darf nicht gesprochen werden. Jachmann berichtet: „Die gesellschaftlichen Gespräche aber wurden ganz besonders anziehend durch die muntere Laune, mit welcher er sie führte, durch die witzigen Einfälle, mit welchen er sie ausschmückte, und durch die passenden Anekdoten, welche er dabei einstreute. In der Gesellschaft, wo Kant war, herrschte eine geschmackvolle Fröhlichkeit... Zur Zeit der Französischen Revolution verlor sein Gespräch etwas an Mannigfaltigkeit und Reichhaltigkeit. Die große Begebenheit beschäftigte seine Seele so sehr, dass er in Gesellschaften fast immer auf sie, wenigstens auf Politik zukam, wobei er es freilich nie an neuen lehrreichen Bemerkungen über den Gang der Sache und über die Charaktere der mithandelnden Personen fehlen ließ".

Kant ist ein begeisterter Zeitungsleser, besonders der englischen Journale. Solange sein engster Freund, der englische Kaufmann Joseph Green, lebt, bricht Kant täglich um 16.00 Uhr zum Spaziergang auf, um ihn zu besuchen. Ein Zeitgenosse berichtet: „Kant ging jeden Nachmittag hin, fand Green in einem Lehnstuhle schlafen, setzte sich neben ihn, hing seinen Gedanken nach und schlief auch ein; dann kam Bankdirektor Ruffmann und tat ein Gleiches, bis endlich Motherby zu einer bestimmten Zeit ins Zimmer trat und die Gesellschaft weckte, die sich dann bis sieben Uhr mit den interessantesten Gesprächen unterhielt. Diese Gesellschaft ging so pünktlich um sieben auseinander, dass ich öfters die Bewohner der Straße sagen hörte: es könne noch nicht sieben sein, weil der Professor Kant noch nicht vorbeigegangen wäre."

Ein einziges Mal versäumt Kant seinen Spaziergang, als er nämlich, gleichsam Tag und Nacht, mit ungeheuerlicher Faszination Rousseaus Erziehungsroman *Emile* liest. Am Abend studiert der Junggeselle neu erschienene Schriften und geht auf die Uhr genau um zehn Uhr zu Bett. Kant bleibt wie seine Philosophenkollegen Descartes, Hobbes, Leibniz, Locke und Hume unverheiratet. Zweimal ist er an einer Frau interessiert. Die erste ist eine „junge, schöne und sanfte" Witwe, die zweite ein junges Mädchen aus Westfalen auf Besuch in Königsberg. Ein Freund Kants erinnert sich, er „zögerte mit dem Antrage, der wohl nicht abgewiesen worden wäre, und darüber zog eine von diesen in eine entferntere Gegend, die andere gab einem rechtschaffenen Manne sich hin, der schneller als Kant im Entschlüsseln und Zusage fordern war". Kant selbst kommentierte sein Junggesellendasein später so: „Da ich eine Frau brauchen konnte, konnte ich keine ernähren. Und da ich eine ernähren konnte, konnte ich keine mehr brauchen."

Dabei hätte der Philosoph in seinem Haus, das mitten in der Stadt, aber in einer kleinen Nebenstraße lag, mit seinen acht Zimmern durchaus Platz für eine Familie gehabt. Im Parterre liegt, vom Eingang aus gesehen, rechts sein Hörsaal, links die Wohnung seiner Köchin. Im ersten Stock befinden sich rechts der Esssaal, seine Bibliothek mit vierhundert Büchern und Schriften sowie seine Schlafstube, links seine Studierstube und sein Besuchszimmer. Im Dachstock wohnt in einer Mansarde Diener Lampe. Dieser ist in einem weißen Rock mit einem roten Kragen gekleidet. Er ist seinem Herrn treu ergeben. Aber er ist einfältig und im Alter dem Alkohol zugetan und zunehmend geldgierig, so dass der Philosoph ihn unter großen Skrupeln entlassen muss. Paradoxerweise notiert Kant in sein Notizbuch: „Der Name Lampe muss vergessen werden." Dessen ungeachtet bemerkt Kant in einem Gespräch, wenn es denn ein Jenseits gäbe, so hoffe er, dort nicht großen Denkern zu begegnen, sondern sich in der Gesellschaft seines Dieners Lampe wieder zu befinden.

Kant liebt, wie gesagt, die Geselligkeit bei sich zu Hause, seine Freunde, die wissenschaftliche Literatur fast aller Disziplinen, besonders geistreiche Autoren wie Lucrez, Erasmus von Rotterdam und Montaigne. Vor allem aber ist er ein Leben lang seinen Studenten zugetan. „Sie werden", schärfte er seinen Schülern immer wieder ein, „bei mir nicht Philosophie lernen, aber philosophieren; nicht Gedanken bloß zum Nachsprechen, sondern denken ... Selbst denken, selbst forschen, auf eigenen Füßen stehen".

Die Studenten lieben Kant. Zu seinem Abschied als Universitätslehrer feiern sie ihn mit einem dreimaligen jubelnden „Vivat" und überreichen ihm ein sechsstrophiges Poem. Der Kantforscher Karl Vorländer schildert in seinem über achthundertseitigen Werk *Immanuel Kant. Der*

Mann und das Werk (1924) die studentische Ehrung so: „Am 14. Juni 1797 zog die gesamte studierende Jugend in feierlichem, von mehreren Musikkorps begleitetem Zuge vor das stille Haus in der Prinzessinstraße. Als ihr erwählter Redner begab sich der zwanzigjährige Graf Heinrich Lehndorff in die Wohnung Kants, um ihn nicht bloß im Namen der Studierenden, zu denen er wie ein Vater gesprochen, sondern ‚als Redner einer Welt' für ‚fünfzig arbeitsvolle Jahre' zu danken, die er der ‚Wahrheit und Aufklärung' geweiht. Kant nahm die Ehrung mit Freude an."

Kants letzte Lebensjahre nach dem Ende seiner Vorlesungen sind von physischem und psychischem Abbau seiner Gesundheit bestimmt. Bereits 1799 sagte er wiederholt bei der Mittagstafel: „Meine Herren, ich bin alt und schwach. Sie müssen mich wie ein Kind betrachten." Ein Schlaganfall im Oktober 1803 drückt ihm den Todesstempel auf. Am 12. Februar 1804 stirbt Immanuel Kant altersschwach und ausgezehrt. Königsberg und die gelehrte Welt trauern.

„Gebt mir Materie, ich will eine Welt daraus bauen!"

Ist doch der Erdkreis auf ganz
natürliche Weise entstanden.
Dadurch, dass Urkörper sich
von allein und zufällig trafen,
vielfältig, blindlings, unnütz,
vergeblich zusammen sich ballten,
schließlich nach jäher Vereinigung
miteinander verwuchsen,
anschwollen dann zu Ausgangspunkten
von Riesengebilden (...)

Hast Du dies sicher begriffen,
ergibt sich klar:
Die Naturkraft
lenkt beständig, frei, ohne die Willkür
despotischer Herrscher,
alles aus eigenem Antrieb, sie braucht
nicht die Hilfe der Götter.

Lukrez (97–55 v. d. Z.)
De rerum natura (Vom Wesen des Weltalls)

„Die Weltentstehung
wird niemals aufhören"
Kant

Zurück zum jungen Kant: 1755, mit einunddreißig Jahren, veröffentlicht der Königsberger Magister eine Schrift, die ihn über Nacht auf einen führenden Platz in der europäischen Wissenschaftsgeschichte katapultiert. Ihr Titel: *Allgemeine Naturgeschichte und Theorie des Himmels oder Versuch von der Verfassung und dem mechanischen Ursprünge des ganzen Weltgebäudes, nach Newtonschen Grundsätzen abgehandelt.* Newton hatte, das Werk des Kopernikus, Kepplers und Galileis fortführend, den Bestand der Welt nach den Gesetzen der Mechanik erklärt. Die vier Naturwissenschaftler brachten mit ihrem heliozentrischen Weltbild (die Sonne als Mittelpunkt) das ptolemäisch-christliche Weltbild (die Erde als Mittelpunkt) zum Einsturz. Denn hieß es nicht in der Bibel: *Am Anfang schuf Gott Himmel und Erde … und Gott machte zwei große Lichter: ein großes Licht, das den Tag regiere, und ein kleines Licht, das die Nacht regiere, dazu auch Sterne. Und Gott setzte sie an die Feste des Himmels, dass sie schienen auf die Erde.* War nicht der Mensch, das „Ebenbild Gottes", das letzte Ziel und der höchste Endzweck der Schöpfung, die Erde der Mittelpunkt der Welt? Und nun die neue Erkenntnis:

Unsere Erde ist ein Stern unter Billionen Sternen, sozusagen ein Streuner an einem beliebigen Punkt des unbegrenzten Universums.

Es wurde eine narzisstische Kränkung des Menschen, dass sein Planet ein evolutionäres Zufallsprodukt darstelle und wohl auch er selbst kosmisch-chemischen Entwicklungssprüngen seine zufällige Existenz verdanke. Insbesondere die Kirche fürchtete den Autoritätsverlust der Bibel und des christlichen Offenbarungsglaubens. Sie leistete dem kopernikanischen System den heftigsten Widerstand. Sie übergab den kosmischen Philosophen und Exmönch Giordano Bruno 1600 dem römischen Scheiterhaufen und schleppte den greisen Galileo Galilei vor das Inquisitionsgericht.

Der Zoologe und Entwicklungstheoretiker Ernst Haeckel (1834–1919) schildert die Aufregung innerhalb der Priesterherrschaft in seinem 1865 gehaltenen Vortrag *Über die Entstehung des Menschengeschlechts* mit den Worten „Vergebens blieben auf die Dauer alle Versuche, der Erde Stillstand zu gebieten. ‚Sie bewegt sich doch!‘ Aber anhaltender und zäher Widerstand wurde den Lehren des Kopernikus, Keppler und Galilei von vielen einflussreichen Seiten noch sehr lange geleistet. Er erhob sich mächtig und verdoppelt von neuem, als der große Engländer Newton die größte aller menschlichen Entdeckungen, diejenige des Gravitationsgesetzes, machte, und in der Schwerkraft, in der Massenanziehung, die ebenso einfache wie großartige mechanische Ursache der tatsächlich von jenen erkannten Planetenbewegungen nachwies ... Und auch hier waren es neben den Unwissenden und fanatischen Mönchen hoch gebildete und fein denkende Männer, welche den freien Fortschritt der wissenschaftlichen Erkenntnis zu unterdrücken versuchten. Das zeigt am besten der berühmte Philosoph Leibniz, welcher Newtons Gravitationsgesetz verdammte, weil es die natürliche Religion untergrabe und die offenbarte verleugne."

Newton hatte allerdings davor zurückgeschreckt, den Ursprung der Welt aus eben denselben Gesetzen herzuleiten. Er sprach von göttlichen Anstößen. Eben hier setzt der Königsberger Privatdozent Kant mit seinem Versuch einer materialistischen, das heißt durchgängig wissenschaftlichen Deutung der Entwicklungsgeschichte des Universums an. Die „Allgemeine Naturgeschichte und Theorie des Himmels" setzt nach den Worten des Bonner Philosophen Friedrich Schneider (*Kants „Allgemeine Naturgeschichte" und ihre philosophische Bedeutung*, Philosophische Zeitschrift der Kant-Gesellschaft, 1966, Heft 1/3) in ihrer naturgeschichtlichen Orientierung an Stelle des alten Bündnisses von Philosophie und Theologie das Bündnis von Naturwissenschaft und Philosophie. Bei Kant selber wird die neue Verbindung am deutlichsten da, wo das, was nach dem biblischen Mythos durch das tageweise Schaffen eines Gottes getätigt war, nunmehr sich als Ergebnis der Entwicklung der Materie darstellt."

Lesen wir einmal ausführlich, welche neue astronomische und philosophische Denkweise Kant in seiner revolutionären Schrift den Menschen des 18. Jahrhunderts eröffnet (ich zitiere im Folgenden nach der sechsbändigen Ausgabe *Kants Werke, Insel-Verlag, 1960*). Kant bemerkt hier, unübersehbar auf Hume bezogen, dass es „für einen Philosophen eine betrübte Entschließung (sei), bei einer zusammengesetzten und noch weit von den einfachen Grundgesetzen entfernten Beschaffenheit die Bemühungen der Untersuchung aufzugeben und sich mit der Anführung des unmittelbaren Willen Gottes zu begnügen". Kant postuliert: „Wenn man sich also eines alten unbegründeten Vorurteils und der faulen Weltweisheit entschlagen kann, die unter einer andächtigen Miene eine träge Unwissenheit zu verbergen trachtet, so hoffe ich, auf unwidersprechliche Gründe eine sichere Überzeugung zu gründen: dass die Welt eine mechanische Entwicklung aus den allgemeinen Naturgesetzen zum Ursprunge ihrer Verfassung erkenne."

Als mutmaßlichen Anfangszustand des Sonnensystems setzt Kant die allgemeine Zerstreuung der Materie, also eine Chaostheorie: „Ich nehme die Materie aller Welt in eine allgemeine Zerstreuung an und mache aus derselben ein vollkommenes Chaos." Die Struktur des Universums ist atomar. Kant outet sich sozusagen gegenüber der Kirchenfront als Nachfolger der großen materialistischen Denker der Antike: „Ich werde es also nicht in Abrede stellen, dass die Theorie des Lukrez oder dessen Vorgängers des Epikurs, Leukips und Democritus mit der meinigen viele Ähnlichkeit habe. Ich setze den ersten Zustand der Natur, so wie jene Weltweisen, in der allgemeinen Zerstreuung des Urstoffs aller Weltkörper, oder der Atome, wie sie bei jenen genannt werden."

Die Materie, sprich ihre Urelemente, die Atome, ist nicht tot. Sie muss nicht von außen, einem Gott, bewegt werden, sondern sie trägt das Gesetz der Bewegung als entscheidende Qualität in sich: „Die Elemente haben wesentliche Kräfte, einander in Bewegung zu setzen, und sind sich selber eine Quelle des Lebens. Die Materie ist sofort in Bestrebung, sich zu bilden: Die zerstreuten Elemente dichterer Art sammeln vermittels der Anziehung aus der Sphäre rund um sich alle Materie von minder spezifischer Schwere; sie selber aber zu samter Materie, die sie mit sich vereinigt haben, sammeln sich in den Punkten, da die Teilchen von noch dichterer Gattung befindlich sind, diese gleicher Gestalt zu noch dichteren und sofort an. Gleichzeitig sind neben den attraktiven (anziehenden – M.J.) Kräften in der Natur auch die repulsiven (abstoßenden – M.J.) Kräfte wirksam, welche sich vornehmlich äußern, wenn die Materie in feine Teilchen aufgelöst ist, also durch selbige einander zurückstoßen und durch ihren Streit mit der Anziehung diejenige Bewegung hervorbringen, die gleichsam ein dauerhaftes Leben mit der Natur ist."

Attraktion und Repulsion, Anziehung und Abstoßung, bringen Bewegung in das ursprüngliche Chaos. Im Verlauf eines Milliarden Jahre währenden Entwicklungsprozesses entwickeln sich die Planeten als um den Mittelpunkt Sonne elliptisch kreisende „Klumpen" (Kant), das heißt Massenverdichtungen. Das gesamte Universum bildet einen gewaltigen, weil unbegrenzten systemischen Zusammenhang: „Wenn die Größe eines planetischen Weltbaues, darin die Erde als ein Sandkorn kaum bemerktet wird, den Verstand in Verwunderung setzt, mit welchem Erstaunen wird man entzücket, wenn man die unendliche Menge Welten und Systeme ansiehet, die den Inbegriff der Milchstraße erfüllen; allein wie vermehrt sich dieses Erstaunen, wenn man gewahr wird, dass alle diese unermesslichen Sternordnungen wiederum die Einheit von einer Zahl machen, deren Ende wir nicht wissen, und die vielleicht ebenso wie jene unbegreiflich groß, und doch wiederum noch die Einheit einer neuen Zahlenverbindung ist."

Kants bedeutsamste Einsicht ist, dass sich das Weltall historisch entwickelt hat. Damit kann er das Rätsel lösen, das Newton nicht zu klären vermochte: Wie kam es zur Entstehung der Schwungkraft der Planeten, die sich in einem leeren Raum getrennt voneinander bewegen und von daher eine Kräfteübertragung auszuschließen scheinen? Newton, so beobachtet Kant, „konnte keine materialistische Ursache verstatten, die durch ihre Erstreckung in dem Raume des Planetengebäudes die Gemeinschaft der Bewegung unterhalten sollte. Er behauptete, die unmittelbare Hand Gottes habe diese Anordnung ohne die Anwendung der Kräfte der Natur ausgerichtet". Newton vermochte nicht die Entwicklung des Planetensystems zu erkennen.

Kant hingegen weist auf den chaotischen Urzustand der kosmischen Materie und ihren Entwicklungsgang zur heutigen Gestalt der Planetensysteme durch die Gesetze der Anziehung und Abstoßung hin: „Ich nehme an, dass alle Materien, daraus die Kugeln, die zu unserer Sonnenwelt gehören, alle Planeten und Kometen bestehen, im Anfange aller Dinge in ihren elementarischen Grundstoff aufgelöset, den ganzen Raum des Weltgebäudes erfüllet haben, darin jetzo diese gebildeten Körper herumlaufen. In Anziehung und Abstoßung habe sich die Urmaterie zu einem riesigen Wirbel verdichtet, der zur konzentrierten Masse im Zentrum und damit zur Sonne geführt habe, umgeben von den aus den Wirbelbewegungen entstandenen Klumpen fester Materieteilchen, der Planeten. Der Schwung der Planeten um die Sonne entstehe, indem der Anziehungskraft des Zentralkörpers, die bei alleiniger Einwirkung den freien Fall der Teilchen nach der Mitte hervorrufen würde, die Zurückstoßungskraft der Materie entgegenwirken kann: Der planetische Weltbau, in dem die Sonne aus dem Mittelpunkte aller Kreise, mit ihrer mächtigen Anziehung, die bewohnte Kugel ihres Systems in ewigen Kreisen umlaufend macht, ist gänzlich … aus dem ursprünglich ausgebreiteten Grundstoff aller Weltmaterie gebildet worden. Alle Fixsterne, die das Auge an der hohen Tiefe des Himmels decket, und die Art von Verschwendung anzuzeigen scheinen, sind Sonnen und Mittelpunkte von ähnlichen Systemen."

Kant fragt: „Wenn die Fixsterne ein System ausmachen, dessen Umfang durch die Anziehungssphäre desjenigen Körpers, der im Mittelpunkte befindlich ist, bestimmt wird, werden nicht mehr Sonnensystemata, und so zu reden, mehr Milchstraßen entstanden sein, die in dem grenzenlosen Felde des Weltraums erzeuget worden?" Er fragt weiter: „Aber, welches wird denn endlich das Ende der systematischen Einrichtungen sein? Wo wird die Schöpfung selber aufhören?" Kant antwortet: „Wenn nun also die Schöpfung, der Räume nach, unendlich ist, oder es wenigstens, der Materie nach, wirklich von Anbeginn her schon gewesen ist, der Form, oder der Ausbildung nach aber es bereit ist zu werden: so wird der Weltraum mit Welten ohne Zahl und ohne Ende belebet werden." Und: „Die Schöpfung ist nicht das Werk von einem Augenblicke. Nachdem sie mit der Hervorbringung einer Unendlichkeit von Substanzen und Materie den Anfang gemachet hat: so ist sie mit immer zunehmenden Graden der Fruchtbarkeit, die ganze Folge der Ewigkeit hindurch, wirksam. Es haben Millionen, und ganze Gebirge von Millionen Jahrhunderten zu verfließen, binnen welcher immer neue Welten und Weltenordnung nacheinander, in denen entfernten Weiten von dem Mittelpunkte der Natur, sich bilden, und zur Vervollkommnung gelangen werden."

Die Materie kennt keinen Stillstand, betont Kant: „Es ist vielleicht eine Reihe von Millionen Jahren und Jahrhunderten verflossen, ehe die Sphäre der gebildeten Natur, darinnen wir uns befinden, zu der Vollkommenheit gediehen ist, die ihr jetzt beiwohnt; und es wird vielleicht ein ebenso langer Periodus vergehen, bis die Natur einen ebenso weiten Schritt in das Chaos tut... Die Weltentstehung hat zwar einmal angefangen, aber sie wird niemals aufhören. Sie ist immer geschäftig, mehr Auftritte der Natur, neue Dinge und neue Welten hervorzubringen."

Kant, und das ist sein revolutionärer Vorstoß, gibt für die Entstehung des Weltalls ausschließlich „natürliche Gründe" an. Nur am Rande und wohl als Zugeständnis an den herrschenden religiösen Zeitgeist tritt Gott als Rohstofflieferant der Urmaterie auf. Wie sein französischer Philosophenkollege Voltaire vertritt Kant eine Deismustheorie von Gott als dem ersten Beweger. Er ziehe sich nach getanem Schöpfungswerk – der Schaffung von Atomen im chaotischen Urzustand – zurück und überlasse die kosmische „Ursuppe" ihrer evolutiven Gärung.

Der französische Astronom Pierre-Simon Laplace bestätigt Kants Himmelslehre vierzig Jahre später durch Experimente. Seither spricht man von der „Kant-Laplace-Theorie". Nach dem jungen Kant gehören zur Materie gegensätzliche Veränderungen, Entwicklungen, Werden und Vergehen, Raum und Zeit, Beziehungen, Einheiten, Systeme. Alles Seiende unterliegt dem Goetheschen Gesetz von „Stirb" und „Werde". Kant: „Die Materie, die bloß leidend und der Formen und Anstalten bedürftig zu sein scheinet, hat in ihrem einfachsten Zustande eine Bestrebung, sich durch eine natürliche Entwicklung zu einer vollkommeneren Verfassung zu bilden".

Die Gesetzmäßigkeiten der Natur sind Ausdruck einer unerschöpflich lebendigen und sich formenden Materie, nicht Wirkungen Gottes. Die Bildung der Sterne, Planeten und Galaxien ist keine Schöpfung der Materie aus dem Nichts, sondern die Formierung der bereits vorhandenen, zunächst chaotischen Materie in immer neuen Manifestationen. In diesem gigantischen dynamischen Prozess des Kosmos entstehen und vergehen die Sterne und Milchstraßen nicht anders als der Mensch oder die Blumen.

Kant: „Wir dürfen aber den Untergang eines Weltgebäudes nicht als einen wahren Verlust der Natur bedauren. Sie beweiset ihren Reichtum in einer Art von Verschwendung, welche, indem einige Teile der Vergänglichkeit den Tribut bezahlen, sich durch unzählige neue Zeugungen in dem ganzen Umfang ihrer Vollkommenheit unbeschadet erhellt. Welch eine unzählige Menge Blumen und Insekten zerstöret ein einziger kalter Tag … Die Natur beweiset, dass sie ebenso reichlich, ebenso unerschöpfet, in Hervorbringung des Trefflichsten unter den Kreaturen, als des Geringschätzigsten, ist, und dass selbst deren Untergang eine notwendige Schattierung in der Mannigfaltigkeit ihrer Sonne ist, weil die Erzeugung derselben ihr nichts kostet. Die schädlichen Wirkungen der angesteckten Luft, die Erdbeben, die Überschwemmungen vertilgen ganze Völker von dem Erdboden; allein es scheinet nicht, dass die Natur dadurch einigen Nachteil erlitten habe. Auf gleiche Weise verlassen ganze Welten und Systeme den Schauplatz, nachdem sie ihre Rolle ausgespielet haben. Die Unendlichkeit der Schöpfung ist groß genug, um eine Welt, oder eine Milchstraße von Welten, gegen sie anzusehen, wie man eine Blume, oder ein Insekt, in Vergleichung gegen die Erde, ansiehet."

Theologischen Spekulationen teilt Kant in seinem Jahrhundertwerk *Allgemeine Naturgeschichte und Theorie des Himmels* eine schneidende Absage. Gott wird lediglich die Rolle zugestanden, die Materie irgendwann einmal, zu einem weit zurückliegenden Zeitpunkt, erschaffen zu haben. Von da an war die Materie auf sich allein gestellt und bedurfte Gottes nicht mehr, weil sie Bewegung, Energie, Entwicklung in sich birgt. Eine Absage erteilt der Denker auch jeglichem theologischen und metaphysischen Spekulieren in der Frage der Naturbegründung: „Ich will endlich aufhören, eine Sache von so überzeugender Deutlichkeit, als die Entwicklung des Weltgebäudes aus den Kräften der Natur ist, auf mehr Beweistümer zu gründen. Wenn man imstande ist, bei vieler Überführung unbeweglich zu bleiben, so muss man entweder gar zu tief in den Fesseln des Vorurteils liegen, oder gänzlich unfähig sein, sich über den Wust hergebrachter Meinungen zu der Betrachtung der allerreinsten Wahrheit emporzuschwingen. Indessen ist zu glauben, dass niemand als die Blödsinnigen, auf deren Beifall man nicht rechnen darf, die Richtigkeit dieser Theorie verkennen könnte."

Kant reiht sich mit seiner „Allgemeinen Naturgeschichte" in die Reihe der großen Denker der Evolutions- und Deszendenzlehre wie Laplace, Herder, Goethe, Saint-Hilaire, Buffon, Lamarck und Darwin ein. Geradezu enthusiastisch jauchzt der junge Wissenschaftler Kant: „Gebet mir Materie, ich will eine Welt daraus bauen! das ist, gebet mir Materie, ich will euch zeigen, wie eine Welt daraus entstehen soll. Denn wenn Materie vorhanden ist, welche mit einer wesentlichen

Attraktionskraft begabt ist, so ist es nicht schwer, diejenigen Ursachen zu bestimmen, die zu der Einrichtung des Weltsystems, im Großen betrachtet, haben beitragen können."

Der Moralist Kant zeigt sich aber auch zugleich ergriffen: „In der Tat, wenn man mit solchen Betrachtungen, und mit den vorhergehenden, sein Gemüt erfüllet hat: so gibt der Anblick eines bestirnten Himmels, bei einer heiteren Nacht, eine Art des Vergnügens, welche nur edle Seelen empfinden."

Kant erweist sich als ein Verfechter des Entwicklungsgedankens. Er vertritt diese Auffassungen in einer Reihe von Aufsätzen wie *Neue Anmerkungen zur Erläuterung der Theorie der Winde* (1756), *Entwurf und Ankündigung eines Collegie der physischen Geografie* (1757), *Über die Vulkane im Mond* (1785), *Etwas vom Einfluss des Mondes auf die Witterung* (1794), vor allem aber in seinen drei Abhandlungen über das Erdbeben von Lissabon (1756).

Ende 1755 erschütterte ein tragisches Ereignis das geistige Leben Europas. Ein Erdbeben von ungewöhnlichem Ausmaß brach über die blühende portugiesische Hauptstadt Lissabon herein und tötete über zwanzigtausend Menschen – Alte und Kinder, Frauen und Männer, Sünder und Unschuldige. Die Priester beider Konfessionen nahmen die Katastrophe zum Anlass, sie als Zorn Gottes über die verderbte Welt zu deuten. Der Dichter Johann Christoph Gottsched (1700–1766) warnte frömmelnd: „Nicht Lissabon allein hegt Sünder:/Wen dieser Fall nicht lehrt,/den droht sein Grimm nicht minder."

Während die Dunkelmänner von Gottes Strafe sprachen und die Herde ihrer Gläubigen einzuschüchtern versuchten, begannen aufgewecktere Geister an dem theologischen Konstrukt von Gottes grenzenloser Güte zu zweifeln. Goethe erinnert sich in seinem autobiographischen Alterswerk *Dichtung und Wahrheit* (1811–1831) an die geistige Erschütterung, die das Lissaboner Erdbeben in ihm als Kind auslöste: „Der Gott, der Schöpfer und der Erhalter Himmels und der Erden, den ihm die Erklärung des ersten Glaubensartikels so weise und gnädig vorstellte, hatte sich, indem er die Gerechten mit den Ungerechten gleichem Verderben preisgab, keineswegs väterlich bewiesen. Vergebens suchte das junge Gemüt sich gegen diese Eindrücke herzustellen, welches überhaupt um so weniger möglich war, als die Weisen und Schriftgelehrten selbst sich über die Art, wie man ein solches Phänomen anzusehen habe, nicht einigen konnten."

Voltaire wandte sich, wie ich in meinem Buch *Voltaire. Die Waffe des Geistes* (2007) dargestellt habe, in einem dramatischen Gedicht gegen die schamlose Instrumentalisierung des Lissabonner Menschenleids durch die Theologen. Er fragt: Muss Gott mit solchem Elend den Menschen erziehen? Ist Lissabon schlechter als Paris oder London? Für welche Sünden hat er die unschuldigen Kinder gezüchtigt? Voltaire gelangt angesichts der Lissaboner Katastrophe zu einer eher skeptischen Weltsicht und setzt wenig später in seinem satirischen Roman *Candide* dem penetranten Optimismus des Philosophen Leibniz (die Erde als die „beste aller möglichen Welten") seinen rabenschwarzen Humor entgegen.

Kant geht einen anderen Weg. Er spricht nicht von Gott, Strafen und Buße, sondern untersucht nüchtern die *geologischen* Ursachen des Erdbebens von Lissabon. Er leitet die Geschichte des Erdbebens mit der Einschränkung ein: „Ich verstehe unter derselben keine Geschichte der Unglücksfälle, die die Menschen dadurch erlitten haben, kein Verzeichnis der verheerten Städte und unter ihrem Schutt begrabenen Einwohner. Alles, was die Einbildungskraft sich Schreckliches vorstellen kann, muss man zusammennehmen, um das Entsetzen sich einigermaßen vorzubilden, darinnen sich die Menschen befinden müssen, wenn die Erde unter ihren Füßen bewegt wird…, wenn die Furcht des Todes, die Verzweiflung wegen des völligen Verlusts aller Güter, endlich der Anblick anderer Elenden den standhaftesten Mut niederschlagen. Eine solche Erzählung würde rührend sein, sie würde, weil sie eine Wirkung auf das Herz hat, vielleicht auch eine auf die Besserung desselben haben können. Allein ich überlasse diese Geschichte geschickteren Händen. Ich beschreibe hier nur die Arbeit der Natur."

Das seismische Beben war, so Kant, nicht ein Strafgericht über die portugiesische Hauptstadt, sondern das Resultat eines langwierigen Naturprozesses. Die Erdstöße erstreckten sich von Europa bis Afrika und hatten im fernen Deutschland sogar positive Folgen. Durch sie entstanden die bekannten Heilquellen von Tipliz. Kant verfasst in seiner Schrift über die Geschichte und Naturbeschreibung des Erdbebens sogar ein Kapitel mit dem Titel „Von dem Nutzen des Erdbeben". Er weist die theologische Anmaßung, dass Gott gleichsam im Stundentakt und ubiquitär (allgegenwärtig) in die Geschicke des Menschen eingreife, als peinlichen Narzissmus zurück. Kant: „Der Mensch ist von sich selbst so eingenommen, dass er sich lediglich als das einzige Ziel der Anstalten Gottes ansiehet, gleich als wenn dieser kein ander Augenmerk hätte als ihn allein, um die Maßregeln in der Regierung der Welt danach einzurichten."

Doch auch der Naturwissenschaftler Kant ist von gewissen Schrulligkeiten nicht ganz frei. Am Ende seines Werkes *Allgemeine Naturgeschichte und Theorie des Himmels* vertritt er die Auffassung, dass „die meisten unter den Planeten gewiss bewohnt" sind. Menschen, die sich dieser Vermutung verschließen, unterschätzen nach Kant die hohe Generativität, sprich Zeugungskraft der Natur. Sie befinden sich in der Situation einer Laus, die auf dem Kopf eines Menschen herumkrabbelt und sich schlecht vorstellen kann, dass es andere Läuse auf anderen Haarschöpfen gibt! Ja, Kant meint, dass diese außerirdischen Wesen weitaus vernünftiger seien wie die Erdenbewohner, sofern ihre Planeten in einer größeren Distanz zur jeweiligen Sonne stünden als die Erde. Warum das? Die von der Sonne ausgehende Wärme könne, so argumentiert Kant, in größerer Entfernung nur noch leichtere, feinere und damit vollkommenere Stoffe und Wesen beleben. Die Bewohner des Jupiter seien demnach ungleich intelligenter als wir Erdenmenschen: „Die Trefflichkeit dieser denkenden Naturen" müsse fünfmal größer sein als die unsere, weil ihr Wohnort fünfmal so weit von der Sonne entfernt sei als die Erde.

Sicher ist: Kants Chaostheorie modelliert eine Perspektive, wie wir sie heute aus dem kosmologischen Modell der Urknalltheorie kennen. Manfred Geier resümiert in seiner Biografie *Kants Welt* (2003): „Nach der explosionsartigen Ausdehnung des Weltalls aus einem Zustand größter Dichte und Temperatur war die anfängliche Materie, vor allem Helium und Wasserstoff, im Universum fast gleichmäßig verbreitet. Diese gasförmige Homogenität der Materieverteilung wird jedoch durch Temperaturdifferenzen und Schwankungen der Materiendichte zunehmend strukturiert. Dichte-Inhomogenitäten, die aus Quanteneffekten stammen, sind notwendig, um Strukturbildung zu ermöglichen. Orte mit höherer Dichte ziehen Materie aus ihrer Umgebung an, und so verstärken sich die anfänglichen Schwankungen immer mehr, bis sich schließlich jene Strukturen gebildet haben, die wir heute durch das elektronische Auge des Hubble-Weltraumteleskops oder mittels der Nasa-Raumschiffsonde WMAP sehen können: unzählige Galaxien über Galaxien in einem unvorstellbar großen Tiefenraum, der sich vor etwa 13,7 Milliarden Jahren zu bilden begann." Und: „Sonnensysteme und Galaxien können implodieren und in Feuerwelten untergehen, um wieder neue Weltgebäude durch Anziehungs- und Abstoßungskraft entstehen lassen zu können. Ununterbrochen findet der Widerstreit von Chaos und Ordnung statt. So gleicht der ganze Kosmos, dieses wohlgeordnete Ganze, schließlich einem Phönix, ‚der sich nur darum verbrennt, um aus seiner Asche wiederum verjüngt aufzuleben, durch alle Unendlichkeit der Zeiten und Räume hindurch'" (Kant).

Es ist irreführend, Kants frühe Schriften, besonders die „Allgemeine Naturgeschichte" als „vorkritisch" zu bezeichnen. Das legt im Allgemeinverständnis den Verdacht nahe, sie seien unkritisch, naiv, vorphilosophisch. Tatsächlich müsste man seine frühen Schriften als „vorkritizistisch" titulieren, denn sie datieren aus der Zeit vor dem erkenntnistheoretischen Kritizismus, den Kant in der *Kritik der reinen Vernunft* von 1781 entwickelt. Kants „Allgemeine Naturgeschichte" ist ein eigenständiges Werk von außerordentlicher Bedeutung für die Entwicklung der Naturwissenschaft und eines modernen Weltbilds. Friedrich Engels würdigte Kants Schrift als ein Epochenereignis: „Die Kantische Theorie von der Entstehung aller jetzigen Weltkörper aus rotierenden Nebelmassen war der größte Fortschritt, den die Astronomie seit Kopernikus gemacht hatte. Zum ersten Mal wurde an der Vorstellung gerüttelt, als habe die Natur keine Geschichte in der Zeit... In diese, ganz der metaphysischen Denkweise entsprechende

Vorstellung legte Kant die erste Bresche, und zwar in so wissenschaftlicher Weise, dass die meisten von ihm gebrauchten Beweisgründe auch heute noch Geltung haben."

Der Philosoph Ernst Bloch konstatiert in seinem Aufsatz *Zweierlei Kant-Gedenkjahre* 1924: „Wäre etwa nichts von Kant übrig geblieben als die *Allgemeine Naturgeschichte und Theorie des Himmels* von 1755, dann würde er als der Erste, der eine mechanische Kosmogonie gab, allein schon unsterblich sein. Er würde triumphierend mit Demokrit, Epikur, Lukrez, mit den französischen Materialisten gefeiert werden als philosophischer Vollender der Bahn Kopernikus – Galilei – Kepler – Newton."

Bloch übersieht Kants kleine Verbeugungen in Richtung der Theologie nicht, aber er urteilt souverän: „Dass Kant, der so in Gottes Küche einbrach, allerhand mehr oder minder geglaubte theologische Beschränkungen anbrachte, damit er bei der Orthodoxie, ja selbst bei den damaligen Deisten nicht in des Teufels Küche geriet, kann ihm nicht einmal als Kompromiss angerechnet werden. Der Philosoph, der später die

Beweise vom Dasein Gottes zertrümmerte, hat die erste natürliche Schöpfungsgeschichte geschrieben."

Kopernikanische Wende: Das tätige Ich

Der ersten Kopernikanischen Wendung, die der Erde den gesicherten Platz des Weltzentrums nimmt, fügt Kant eine zweite hinzu, durch die jetzt das Ich, die Subjektivität, der Mensch, gleichsam zum ersten Beweger des Weltgeschehens aufrückt.

Oskar Negt
Kant und Marx.
Ein Epochengespräch
(2003)

Über die Erklärung des Denkens haben sich viele Philosophen gestritten. Der französische Denker George Steiner bemerkt in seinem Traktat *Warum Denken traurig macht* (2006): „In Wirklichkeit wissen wir nicht, was Denken ist,

Von der "Hure der Vernunft" (Luther)
zum "Licht der Vernunft" (Kant)

woraus es besteht. Wenn wir versuchen, über das Denken nachzudenken, wird das Objekt unserer Untersuchung verinnerlicht und in diesem Prozess zerstreut. Es ist immer zugleich unmittelbar und unerreichbar. Nicht einmal in der Logik oder im Delirium der Träume können wir einen Aussichtspunkt außerhalb des Denkens erreichen, einen archimedischen Punkt, von dem aus wir seine Substanz umschreiben oder wiegen können. Nichts, nicht einmal die tiefschürfendsten epistemologischen (erkenntnistheoretischen – M.J.) oder neurophysiologischen Erkundungen haben uns über die Gleichsetzung von Denken und Sein bei Parmenides hinausgeführt. Dieses Axiom (einleuchtender, nicht beweisbarer Leitsatz – M.J.) bleibt zugleich Quell und Grenze der westlichen Philosophie."

Demgegenüber betont der englische Philosoph Daniel C. Dennet in seinem Werk *Süße Träume. Die Erforschung des Bewusstseins und der Schlaf der Philosophie* (2007): „Viele Leute halten das Bewusstsein für ein Mysterium, die wundervollste Zaubervorstellung, die man sich nur vorstellen kann, eine endlose Folge von Spezialeffekten, die sich einer Erklärung entziehen. Ich glaube, dass sie sich irren: Bewusstsein ist ein physikalisches, biologisches Phänomen – wie der Stoffwechsel, die Reproduktion oder die Reparaturfähigkeit, das in seiner Funktionsweise ungemein raffiniert ist, aber nicht unnatürlich oder letzten Endes sogar mysteriös." Und: „Könnte es sein, dass die Organisation all der Teile, die aufeinander einwirken, auf irgendeine Weise Bewusstsein als ein emergentes (aufsteigendes, höher entwickeltes – M. J.) Produkt hervorbringt? Und falls dem so ist, warum sollten wir nicht darauf hoffen können, das Bewusstsein zu verstehen, sobald wir die geeigneten Begriffe dafür entwickelt haben?"

Kant ist Erkenntnisoptimist mit Einschränkungen. In seiner 1763 erschienenen Schrift *Versuch, den Begriff der negativen Größen in die Weltweisheit einzuführen* konstatiert er: „Die schiefe Fläche des Galilei, der Perpendikel des Huygens, die Quecksilberröhre des Torricelli, die Luftpumpe des Otto Guericke und das gläserne Prisma des Newton haben uns den Schlüssel zu großen Naturgeheimnissen gegeben. Die negative und positive Wirksamkeit der Materien, vornehmlich bei der Elektrizität, verbergen allem Ansehen nach wichtige Einsichten, und eine glücklichere Nachkommenschaft, in deren schöne Tage wir hinaussehen, wird hoffentlich davon allgemeine Gesetze erkennen, was für uns jetzt noch in einer zweideutigen Zusammenstimmung erscheint."

Zugleich ist damit Kant aber auch ein Gegner der Philosophie des Rationalismus und der Metaphysik. Was heißt das? Der Rationalismus des 18. Jahrhunderts behauptet, die Welt und ihre letzten Gründe rein aus der Vernunft, das heißt spekulativ und jenseits der Erfahrung begreifen zu können. Die Metaphysik ist sozusagen das Resultat des Rationalismus, weil sie, auf dem Gebiet der Religion oder der heutigen Esoterik, vorgibt, das angeblich hinter der physischen Welt (altgriechisch *meta ta physika*, Aristoteles) Bestehende zu wissen. Kant weist diese mystische Auffassung scharf zurück. Der Begriff *mystik* stammt vom altgriechischen *myomai*, *ich schließe die Augen,* und bedeutet damit den Ausschluss der sinnlichen Erfahrung.

Kant hält es dagegen mit dem englischen Empiristen John Locke, der befand, „nichts ist im

Geiste, was nicht zuvor in den Sinnen war". Kant nennt die Metaphysiker, die vermeintlichen Wissenschaftler von den letzten Dingen, ironisch „Luftbaumeister". Als der schwedische Mystiker Emmanuel Swedenborg sich der Hellseherei und des Verkehrs mit der Geisterwelt rühmt und in Deutschland eine beträchtliche Anhängerschaft findet, antwortete Kant 1766 mit einer Diatribe, einer Streitschrift von ätzendem Witz, *Träume eines Geistersehers, erläutert durch die Träume der Metaphysik.* Kant nennt Swedenborgs *Coelestia arcana, Geheimnisse des Himmels* „acht Quart Bände voll Unsinn". Kant: „Wenn indessen die Vorteile und Nachteile ineinander gerechnet werden, die demjenigen erwachsen können, der nicht allein vor die sichtbare Welt, sondern auch vor die unsichtbare in gewissem Grade organisiert ist (sofern es jemals einen solchen gegeben hat), so scheint ein Geschenk von dieser Art demjenigen gleich zu sein, womit Juno den Tiresias beehrte, ihn zuvor blind machte, damit sie ihm die Gabe zu Weissagen erteilen könnte. Denn die anschauende Erkenntnis der anderen Welt (kann) all hier nur erlangt werden, indem man etwas von demjenigen Verstande einbüßt, welchen man für die gegenwärtigen nötig hat."

Kant fordert, die Philosophie von allen Spekulationen frei zu halten und der irdischen Erfahrung zu vertrauen. Natürlich formulierte er das geistreicher: „Ich weiß auch nicht, ob selbst gewisse Philosophen gänzlich von dieser harten Bedingung frei sein sollten, welche so fleißig und vertieft ihre metaphysischen Gläser nach jenen entlegenen Gegenständen hinrichten und Wunderdinge von daher zu erzählen wissen, zu wenigsten missgönne ich ihnen keine von ihren Entdeckungen; nur besorge ich: dass ihnen irgendein Mann von gutem Verstande und wenig Feindseligkeit eben dasselbe dürfte zu verstehen geben, was dem Tycho Brahe (dem Astronomen – M. J.) sein Kutscher antwortete, als jener meinte, zur Nachtzeit nach den Sternen den kürzesten Weg fahren zu können: ‚Guter Herr, auf den Himmel mögt ihr euch wohl verstehen, hier aber auf der Erde seid ihr ein Narr.'"

Wie Kant in seiner *Kritik der reinen Vernunft* 1781 die Probleme der Erkenntnistheorie und damit der modernen Wissenschaftsmethodologie entfaltet, das gehört, trotz aller Einseitigkeiten und Aporien (Ausweglosigkeiten), zum Scharfsinnigsten, Hintergründigsten und Paradoxalsten der philosophischen Weltliteratur. Zwar schreibt Kant in diesem für einen Laien praktisch unlesbaren Werk, wie Heinrich Heine Recht zu geben ist, einen „grauen, trockenen Packpapierstil" und spricht in einer „hofmännisch abgekälteten Kanzleisprache" (Heine, *Zur Geschichte der Religion und Philosophie in Deutschland*, 1834), aber Kant führt mit ungeheuerlicher denkerischer Wucht das tätige bürgerliche Ich in den Erkenntnisprozess der Moderne ein. Während noch ein Martin Luther von der „Hure Vernunft" als einem Instrument des Teufels spricht, um den Menschen vom Glauben abzubringen („Die Vernunft ist das größte Hindernis für den Glauben, weil alles Göttliche ihr absurd scheint", *Tischreden*), stellt Kant die aktiv agierende, synthetisierende, also zusammensetzende Vernunft in den Mittelpunkt von Erkenntnis und Moral.

Der Titel „Kritik der Vernunft" ist nicht negativ zu verstehen als eine Zensur und Einschränkung der Vernunft, sondern das Wort „Kritik" ist hier als Synonym für „Darstellung", „kritische Würdigung" der Vernunftfähigkeit des Menschen aufzufassen. Um Kants „Kopernikanische Wende“ in der wissenschaftlichen Erkenntnis der Welt und der Konstituierung einer neuen, von der Religion unabhängigen Moral zu verstehen, ist ein Rekurs auf seinen wichtigsten philosophischen Vorgänger, geistigen Verbündeten und Gegner David Hume ebenso unumgänglich wie spannend.

Kant würdigt Humes „kritische Vernunft, die den gemeinen Verstand in Schranken hält, damit er sich nicht in Spekulationen versteige“. In seinen 1783 veröffentlichten *Prolegomena zu einer jeden künftigen Metaphysik, die als Wissenschaft wird auftreten können* rühmt der Königsberger Philosoph: „Ich gestehe frei: die Erinnerung des David Hume war eben dasjenige, was mir vor vielen Jahren zuerst den dogmatischen Schlummer unterbrach und meinen Untersuchungen im Felde der spekulativen Philosophie eine ganz andere Richtung gab.“ Tatsächlich warf der schottische Philosoph, Diplomat und Historiker Hume (1711–1776) der Metaphysik vor, „dass sie nicht eigentlich eine Wissenschaft ist, sondern entweder das Ergebnis fruchtloser Anstrengung der menschlichen Eitelkeit, welche in Gegenstände eindringen möchte, die dem

Verstand durchaus unzugänglich sind, oder aber das listige Werk des Volksaberglaubens".

Nach dem Engländer sind, wie ich in meinem Buch *Hume. Die englische Aufklärung* (2006) dokumentiert habe, Aussagen über Gott und Seele somit hypothetische Aussagen, unbewiesene Annahmen. Feststellungen über eine Vorsehung oder über ein künftiges Dasein liegen jenseits der Grenzen der Vernunft und stellen damit philosophisch einen nicht gedeckten Scheck dar. Hume: „Jede Hypothese, die hier die letzten und ursprünglichen Eigenschaften der menschlichen Natur entdeckt haben will, sollte darum von vornherein als anmaßend und chimärisch (hirngespinstig – M. J.) zurückgewiesen werden."

Hume forderte, Newtons empirische Naturforschung auf den menschlichen Verstand anzuwenden. In seiner *Inquiry Concerning Human Understanding* von 1748 schlussfolgerte der englische Skeptiker: „Wenn wir, von diesen Grundsätzen überzeugt, die Büchersäle durchgehen, welche Verheerung müssen wir nicht anrichten? Wenn wir irgendeinen Band, zum Exempel von

Schultheologie oder Metaphysik, in die Hand nehmen: so lasst uns fragen, enthält es einige abgezogene Vernunftschlüsse in Ansehung der Größe und Zahl? Nein. Enthält es experimentale Vernunftschlüsse in Ansehung geschehener oder wirklicher Dinge? Nein. Schmeißt es denn ins Feuer; denn es kann nichts enthalten als falsche und betrügliche Schlüsse und Verblendungen."

Was Kant an Humes Erkenntnistheorie akzeptiert und was er verwirft, findet sich in Humes zentraler Aussage: Die Bausteine des Denkens werden von den Sinnen geliefert. Ihre kleinsten Einheiten sind die *perceptions*, die Bewusstseinsinhalte, und deren Träger, die *impressions*, die Sinneseindrücke und Empfindungen. Ein erfahrungsvorgängiges, apriorisches oder platonischurvorhandenes Wissen gibt es nicht. Die Lehre von den Empfindungen als dem Material des erkennenden Bewusstseins (sie geht auf John Locke zurück) übernimmt Kant. Dagegen führt er, contra Hume, ein erfahrungsvorgängiges, apriorisches Wissen, nämlich die Kategorien, ein.

Warum hält Kant die Konstruktion einer apriorischen, also erfahrungsvorgängigen Verstandestätigkeit für notwendig? Antwort: Weil Hume eine theoretische Begründung des Kausalitätsprinzips, also des Sachverhalts von Ursache und Wirkung, in Frage stellte. Wir sagen: „Es regnet. Deshalb wird das Pflaster nass." Wir nehmen die zeitliche Folge als notwendige Folge wahr. Hume bestreitet das, aus logischen, nicht aus praktischen Gründen.

Hume betont, dass die Umbiegung des *post hoc* in das *propter hoc*, das *Danach* in ein *Deswegen*, sich nicht aus der Erfahrung rechtfertigen lasse. Die Erfahrung zeigt uns lediglich, dass A und B, sagen wir Regen und Nässe, sich in zeitlicher Folge ereignet haben. Wir erleben aber die Gewohnheit, B auf A, Nässe auf Regen, folgen zu sehen. Diese Gewohnheit erweckt nach Hume wiederum die *Meinung* (*believe*), wann immer A, der Regen, wieder auftritt, wird auch B, die Nässe folgen. Diese Meinung projiziert dann den *Gedanken*, dass zwischen den Tatsachen A und B ein *notwendiger* Zusammenhang bestehe, nämlich A, der Regen, als die Ursache, und B, die Nässe, als die *Wirkung*. Ursache und

Wirkung besitzen damit nach Hume lediglich *Wahrscheinlichkeit* (*probability*). Wir können, so Hume, nicht mit absoluter Sicherheit ausschließen, dass eines Tages einmal auf den Regen *keine* Nässe folgt oder dass die Sonne *nicht* mehr aufgeht. Ursache und Wirkung ist nach Hume lediglich eine *Meinung* in Folge unserer Erfahrung: „Denn wir nehmen stets nur eine Aufeinanderfolge von Ereignissen wahr", keinen notwendigen Zusammenhang. Hume: „So ist Gewohnheit die große Führerin im menschlichen Leben", nicht der Verstand.

Auch Raum und Zeit sind nach Hume lediglich „Vorstellungen, Eindrücke oder Gegenstände, die in einer bestimmten Weise angeordnet sind oder die einander folgen". Ob es Raum und Zeit wirklich, ontologisch, gibt, ist für den englischen Empiristen logisch nicht zu begründen. Als der klassische moderne Philosoph des Skeptizismus hat Hume des Empirismus, die auf blanker Sinnlichkeit grundierende Erkenntnistheorie, ins Extrem und damit in eine Sackgasse geführt. Am Ende seines ersten Buches *Über den Verstand* innerhalb seines Werkes *Ein Traktat über die menschliche Natur* kommt Hume zu dem skeptischen Schluss: „Ich habe … gezeigt, dass der Verstand, wenn er für sich allein und nach seinen allgemeinsten Prinzipien tätig ist, sich gegen sich selbst wendet und jede Gewissheit zerstört, in der Philosophie wie im gewöhnlichen Leben."

Eben hier greift Kant in der *Kritik der reinen Vernunft* theoretisch ein. Er spricht vor allem von der Mathematik, aber, eingeschränkt, auch von der Physik als den apriorischen Wissenschaften: „*Mathematik* und *Physik* sind die beiden theoretischen Erkenntnisse der Vernunft, welche ihre *Objekte* a priori bestimmen sollen, die erstere ganz rein, die zweite wenigstens zum Teil rein, dann aber auch nach Maßgabe anderer Erkenntisquellen als der der Vernunft. Die *Mathematik* ist von den frühesten Zeiten her, wohin die Geschichte der menschlichen Vernunft reicht, in dem bewundernswürdigen Volke der Griechen den sicheren Weg einer Wissenschaft gegangen." Kants Erkenntnisinteresse lässt sich, ganz im Geiste des achtzehnten Jahrhunderts, von der Mathematik und der modernen Naturwissenschaft leiten: „Ich sollte meinen, die Beispiele der Mathematik und Naturwissenschaft …

wären merkwürdig genug, um ... der Umänderung der Denkart, die ihnen so vorteilhaft geworden ist, ... hierin wenigstens zum Versuche nachzuahmen."

Kant beschreibt von hier aus das Wesen seiner *kopernikanischen Wende*: „Man versuche es daher einmal, ob wir nicht ... damit besser fortkommen, dass wir annehmen, die Gegenstände müssen sich nach unserer Erkenntnis richten ... es ist hiermit ebenso, als mit dem ersten Gedanken des *Kopernikus* bewandt, der, nachdem es mit der Erklärung der Himmelsbewegungen nicht gut fort wollte, wenn er annahm, das ganze Sternenheer drehe sich um den Zuschauer, versuchte, ob es nicht besser gelingen möchte, wenn er den Zuschauer sich drehen, und dagegen die Sterne in Ruhe ließ." Schließlich: „In der Metaphysik kann man nun, was die *Anschauung* der Gegenstände betrifft es auf ähnliche Weise versuchen. Wenn die Anschauung sich nach der Beschaffenheit der Gegenstände richten müsste, so sehe ich nicht ein, wie man a priori von ihr etwas wissen könne; richtet sich aber der Gegenstand (das Objekt der Sinne) nach der Beschaffenheit unseres Anschauungsvermögens, so kann ich mir diese Möglichkeit ganz wohl vorstellen."

Die *Kritik der reinen Vernunft* versteht sich daher als Methodenlehre, nicht als geschlossenes System. Sie ist „transzendental" gerichtet. Dieser Begriff darf nicht mit dem Wort „transzendent" (die Erfahrung überschreitend, jenseitig) verwechselt werden. „Transzendental" bedeutet vielmehr „auf die Bedingung der Möglichkeit der Erkenntnis" (Kant) gerichtet. Kant: „In jenem Versuche, das bisherige Verfahren ... umzuändern, und dadurch, dass er nach dem Beispiele der Geometer und Naturforscher eine gänzliche Revolution mit derselben vornehme, besteht nun das Geschäft mit der Kritik der reinen ... Vernunft. Sie ist ein Traktat von der Methode, nicht ein System der Wissenschaft selbst." Fazit: „Denn man kann nach dieser Veränderung der Denkart die Möglichkeit einer Erkenntnis a priori ganz wohl erklären, und, was noch mehr ist, die Gesetze, welche a priori der Natur, als dem Inbegriff der Gegenstände der Erfahrung, zum Grunde liegen, mit ihnen genugtuenden Beweisen versehen, welches beides nach der bisherigen Verfahrensart unmöglich war."

Ehe wir über die Dinge sprechen, müssen wir nach Kant über ihre Möglichkeit der Erkenntnis, unser transzentales Bewusstsein, sprechen. Die Erkenntnis setzt sich nach Kant aus der Sinnlichkeit, der passiven Seite, und dem Verstand, der aktiven Seite, zusammen. Beide sind jedoch untrennbar notwendig. „Begriffe ohne Anschauungen sind leer", erkennt Kant, „Anschauungen ohne Begriffe sind blind". Kant versucht einen Zwischenweg zwischen Materialismus und Idealismus, der Sinnendominanz des Empirismus und dem Logizismus des Rationalismus, zu finden.

Die Dingwelt „draußen" affiziert uns nach Kant über die Empfindungen. Die Existenz des „Dinges an sich" (Kant) jenseits unseres Bewusstseins ist jedoch unabdingbar. Andererseits erreicht uns nur die „Rhapsodie" (Kant) der Empfindungen, die erst der synthetisierende, also aktiv konstruierende Verstand nach den Anschauungsformen von Raum, Zeit und Kausalität und anderem mehr zusammensetzt. Was ist dann die „Erscheinung", das „Phänomenon" (Kant)? Die Sinnlichkeit liefert den Erkenntnisinhalt, der Verstand die Form. Kant: „Unsere Natur bringt es so mit sich, dass die Anschauung niemals anders als sinnlich sein kann, d.i. die Art enthält, wie wir vom Gegenstand affiziert werden. Dagegen ist das Vermögen, den Gegenstand sinnlicher Anschauung zu denken, der Verstand. Keine dieser Eigenschaften ist der anderen vorzuziehen und ohne Sinnlichkeit würde uns kein Gegenstand gegeben und ohne Verstand keiner gedacht werden... Beide Vermögen... können auch ihre Funktion nicht vertauschen. Der Verstand vermag nicht anzuschauen, und die Sinne vermögen nicht zu denken."

Kant geht es darum, die Möglichkeit wissenschaftlich gesicherter, „apodiktischer" Erkenntnisse nachzuweisen, das Wissen des Menschen zu sichern. Nach Kant melden uns die Empfindungen nur: Es regnet, der Boden wird nass. Der Verstand, genauer die verstandeseigene, apriorische Kategorie der Kausalität liefert das „synthetische Urteil": Die *Ursache* für das Nasswerden des Bodens ist der Regen. Noch einmal Kant: „Gedanken ohne Inhalt sind leer, Anschauungen ohne Begriffe blind."

Der Verstand muss sich stets auf Anschauung beziehen, um unser Wissen zu erweitern. Für sich allein ist er handlungsunfähig. Das Reich der Empfindungen, der Anschauungen, ist sein Anwendungsfeld. Erst das Ordnen, Systematisieren und Synthetisieren des Verstandes macht aus der Wahrnehmung gesicherte Vorstellung. Der Verstand kann nur in den ihm gegebenen Formen, den Kategorien, denken. Sie machen aus dem Mannigfaltigen der sinnlichen Anschauung die geordnete Erkenntnis.

Der Mensch bewegt sich nach Kant nur im Bereich der „Erscheinungen", die Welt „der Dinge an sich" ist für ihn nicht zu betreten. Die „Erscheinung" ist ein Mittelding, eine Art *compositum mixtum*, etwas Zusammengesetztes, aus dem extramentalen „Ding an sich" und „unseren Anschauungs- und Denkweisen". Atomphysikalisch, also in extremer wissenschaftlicher Zuspitzung, könnte das stimmen. Auf der Ebene der molekularen Kleinstgrößen ist ein Tisch nicht wirklich fest. Er ist vielmehr, wie der Physiker Artur Eddington erklärte, eine „Wolke von Molekülen". „Nur" in unserer Wahrnehmungsweise scheint er gänzlich fest zu sein. Tatsächlich ist er, physikalisch gesprochen, in einem relativen Zustand von Ruhe und Unruhe.

Zwischen der dogmatischen Selbstsicherheit der rationalistischen Metaphysik und dem alles bezweifelnden methodischen Skeptizismus eines Hume konstruiert Kant also einen Mittelweg. Es ist das menschliche Selbstbewusstsein, nämlich das „Ich", das in aller Denkhandlung gegenwärtig ist und die Welt der „Erscheinungen" formiert. Man hat Kant in seiner schroffen Entgegensetzung von Subjekt und Objekt, „Erscheinung" und „Ding an sich" einen Agnostiker, also einen theoretischen Vertreter der Nichterkennbarkeit der Welt, genannt. Kant hat sich dagegen verwahrt. Da wir Menschen uns ausschließlich in der von uns anschauungsmäßig und kategorial geformten Welt der „Erscheinungen" bewegen, ist diese Sphäre unsere einzige und damit auch die für die Wissenschaft verbindliche Instanz. Denn die Anschauungsweisen und Kategorien sind intersubjektiv, das heißt für *alle* normgebend. Trotzdem hat Kant mit dieser gnoseologischen (erkenntnistheoretischen) Art einer „Zweiweltenlehre" die Gemüter seiner Zeit mächtig bewegt.

Der Dichter Heinrich von Kleist (1777–1811) erlitt durch die Kantlektüre einen intellektuellen Kollaps. Er schrieb am 22. März 1801 an seine Braut Wilhelmine von Zenge erschüttert: „Wenn alle Menschen statt der Augen grüne Gläser hätten, so würden sie urteilen müssen, die Gegenstände, welche sie dadurch erblicken, sind grün – und nie würden sie entscheiden können, ob ihr Auge ihnen die Dinge zeigt, wie sie sind, oder ob es nicht etwas zu ihnen hinzutut, was nicht ihnen, sondern dem Auge gehört. So ist es mit dem Verstande … ach Wilhelmine, wenn die Spitze dieses Gedankens Dein Herz nicht trifft, so lächle nicht über einen andern, der sich tief in seinem heiligsten Innern davon verwundet fühlt. Mein einziges, mein höchstes Ziel ist gesunken, und ich habe nun keines mehr." Zu Recht fasste der Philosoph Karl Leonhard Reinhold, Schwiegersohn des Dichters Christoph Martin Wieland und Popularisator der Kantschen Ideen, 1789 die Wirkung der *Kritik der reinen Vernunft* so zusammen: „Noch nie ist wohl ein Buch so angestaunt, bewundert, gehasst, getadelt, verketzert und – missverstanden worden."

Natürlich hat uns Kant mit seiner zwischen Realismus und Idealismus oszillierenden Darstellung des menschlichen Erkenntnisvermögens keine abschließende Lösung gebracht. Die Widersprüche sind unübersehbar. Wir wissen heute, dass der inhaltsleere Begriff der atomistischen „Empfindung" der falschen Empfindungspsychologie des achtzehnten Jahrhunderts entspricht. Wer, wie Kant, einem derart subjektivistischen Empfindungsansatz folgt, der provoziert geradezu den rigorosen „Transzendentalismus" im Sinne einer Einführung umfassender Formen – der Kategorien. Das Empfindungsproblem ist die Leerstelle des Kantianismus. Liegt nicht im sinnlichen Kennen das primäre Wirklichkeitsurteil begründet? Sind die Sinne wirklich so niedrig qualifiziert, dass sie lediglich ungeordnetes Material anliefern, das dann vom Denken zu Erfahrungsgegenständen geformt wird? Haben nicht die Gestaltpsychologen des letzten Jahrhunderts statt des atomistischen, den holistischen (ganzheitlichen) Charakter unserer Wahrnehmung erforscht? Wird nicht die Wahrnehmung schon durch die Erfahrungen des Säuglings und die zunehmende Schaltung seiner Synapsen im Gehirn primär geordnet und nach und nach komplex strukturiert?

Fühlen, Denken und Handeln des Menschen hat nach Auffassung der Neurobiologen eine materielle, also neurophysiologische Grundlage. Die Qualität des Zerebralen ergibt sich nicht aus einem für alle gleichen, Erkenntnis stiftenden „transzendentalen Bewusstsein", sondern evolutiv, milieuangepasst und durchaus selektiv. Die Gehirnleistungen, sagt der Gehirnforscher Gerald Hüther (in *Bedienungsanleitung für ein menschliches Gehirn*, 2005), sind nicht a priori gegeben, sondern nach Maßgabe der äußeren Herausforderungen entwickelt und mehr oder weniger spezialisiert. Für bestimmte Leistungen zuständige Regionen des Gehirns entwickeln sich dann um so stärker, wenn sie gebraucht und benutzt werden. So wissen wir beispielsweise von Jugendlichen, die stundenlang täglich mit dem Handy telefonieren und blitzschnell mit dem Daumen Texte in die Tastatur tippen, dass die „Daumenregion" in deren Gehirn nachweisbar deutlicher ausgeprägt ist als die von Nicht-Handy-Benutzern.

Hüther bringt ein extremes Beispiel für den „aposteriorischen“ (nachträglichen) Aspekt der Gehirnentwicklung: „Nehmen wir zum Beispiel den Maulwurf. Dessen Vorfahren waren Insektenfresser und mussten deshalb zumindest einigermaßen gut sehen und umherspringen können. Da sie dabei ständig Gefahr liefen, von größeren Tieren gefressen zu werden, war es durchaus vorteilhaft, sich gelegentlich einfach einzugraben. Falls sie auch unter der Erde noch genug zu fressen fanden, hatten diese Urmaulwürfe bald keinen vernünftigen Grund mehr, überhaupt je wieder aufzutauchen. Sie buddelten ihre Gänge und fingen sich ihre Regenwürmer und was es sonst noch da unten gab. Zu sehen war in diesen dunklen Gängen nichts, aber gut riechen und hören musste man können. Wer am seltensten Lust auf Licht und Sonne bekam, wer die größten Vorderschaufeln hatte, musste wohl am längsten gelebt und am meisten Nachkommen hinterlassen haben. Irgendwann waren die dann alle blind wie die Maulwürfe, hatten lange Nasen und so große Grabschaufeln, dass keiner mehr damit umherspringen konnte. Nutzlos, wie sie für ein solches Maulwurfleben geworden war, begann ihre Sehrinde zu verkümmern, dafür wurden diejenigen Bereiche des Gehirns, die zum Riechen und Hören gebraucht wurden, allmählich immer besser ausgebaut."

Der Mensch ist nach der Beobachtung der Gehirnphysiologie ein Spätling und eher ein niedrig spezialisierter „Generalist". Hüther: „Dafür machten sich die Generalisten, die alles ein bisschen und nicht besonders gut konnten und die es bisher nur mit viel Mühe geschafft hatten, sich in der Welt der Spezialisten zu behaupten, nun erst richtig auf den Weg. Es gab unglaublich viel zu entdecken in dieser von so vielen Hör-, Seh-, Riech- und sonst wie spezialisierten Künstlern gestalteten Welt, wenn man Ohren, Augen, Nasen und Haut gleichermaßen gut benutzen und das Gehörte, Gesehene, Gerochene und Gefühlte zu einem möglichst vollständigen Bild zusammenfügen, assoziieren konnte... Und all das gelang natürlich um so besser, je weniger die im Gehirn angelegten Verschaltungen bereits von Anfang an durch genetisches Programm bestimmt waren. So entstanden aus den ursprünglichen aus streng programmgesteuerten Konstruktionen allmählich immer offenere, nicht mehr ausschließlich genetisch kontrollierte Verschaltungen." Hüthers Schlussfolgerung lautet: „Mit einem solchen Gehirn haben sich unsere Vorfahren auf den Weg gemacht, eine Welt zu schaffen, in der sie die Bedingungen für die Benutzung ihres Gehirn zu ihren eigenen Vorstellungen gestalten konnten."

Dabei haben sich manche wieder zu einseitigen Spezialisten oder, wie Kant sagen würde, zu Menschen mit nur einem „Zyklopenauge" entwickelt. Da ist nichts mehr von einem allgemeinverbindlichen, formierenden Bewusstsein. Hüther: „So gibt es Computerfreaks, die von Kindesbeinen an so intensiv auf den Tastaturen ihrer PCs herumgehackt und sich in eigenen Computerwelten bewegt haben, dass sie später als Erwachsene außerstande sind, ein direktes Gespräch zu führen oder (meist handelt es sich dabei ja um Männer) eine Frau mit etwas anderem als ihrem PC zu verzaubern. Es gibt mathematische Genies, die außerstande sind, eine Möwe von einer Gans zu unterscheiden, und Fußballartisten, die kaum bis drei zählen können. Es gibt Geigenvirtuosen, die weder schwimmen noch Fahrrad fahren und Schachmeister, die weder singen noch tanzen können."

Kant „dichotomiert“ für seine Philosophie des „Dinges an sich“ und der „Erscheinung“ die Erkenntniswelt – das heißt er schneidet sie auseinander. Dafür hat er scharfe Kritik, besonders aus den Reihen der Medizin, Verhaltensforschung und Psychologie, erhalten. Der amerikanische Philosoph John R. Searle kritisiert Kants Zwei-Welten-Lehre in seinem Buch *Geist. Eine Einführung* (2006) aus der Sicht eines *biologischen Naturalismus* wie folgt: „So ist der Schritt von der Auffassung, dass wir tatsächlich wirkliche Gegenstände wahrnehmen, zu der Auffassung, dass wir nur unsere Vorstellungen von Gegenständen wahrnehmen, ein Schritt von entscheidender Bedeutung in der Geschichte der Philosophie. Ich würde so weit gehen zu behaupten, dass dieser Schritt die größte singuläre Katastrophe in der Geschichte der Philosophie der vergangenen … Jahrhunderte darstellt. Im heutigen Jargon lautet diese Idee: Wir nehmen keine materiellen Gegenstände wahr, sondern nur ‚Sinnesdaten‘.“

Searle erläutert: „Der Repräsentationstheorie der Wahrnehmung zufolge verbringen wir unser bewusstes Leben so, als ob wir in einem Kino wären. Wir können Bilder der wirklichen Welt auf der Leinwand des Kinos sehen, aber wir können nie aus dem Inneren des Kinos hinaustreten, um die wirkliche Welt selbst zu sehen, weil das Kino vollständig in unserem Geist ist." Searle kann sich mit dem rätselhaften „Ding an sich" auch aus logischer Sicht nicht anfreunden. Er weist auf einen Widerspruch bei Kant hin: „Wie können wir behaupten, dass die Sinnesdaten, die wir sehen, dem Gegenstand ähneln, den wir nicht sehen, wenn der Gegenstand per Definition völlig unsichtbar ist? Das ist so, als ob ich sagte, ich hätte zwei Autos in meiner Garage, die genau gleich aussehen, eines von ihnen sei aber völlig unsichtbar. Es ist überhaupt nicht verständlich zu sagen, dass es eine Ähnlichkeitsbeziehung in der Wahrnehmung gäbe zwischen etwas, das wahrnehmbare Eigenschaften hat, und etwas, das keine wahrnehmbaren Eigenschaften hat."

Zweifellos ist die von Kant benutzte Sinnesdatentheorie falsch, aber seine Erkenntnistheorie als „die größte singuläre Katastrophe in der Geschichte der Philosophie" zu brandmarken, ist irreführend. Bei allen idealistischen Komplikationen schärft Kant doch den Blick für die aktive „Tätigkeit" des Ich im Erkenntnisprozess. Kennen und Erkennen sind nicht einfache Widerspiegelungen nach dem chemischen oder digitalen Mechanismus eines Fotoapparates, sondern originäre, sich verknüpfende Sinnesleistungen des Menschen (wie auch der höher organisierten Tiere). Der Mensch ist nicht nur ein passiver Empfänger und Spiegel der Außeneindrücke, sondern er strukturiert sie durch Erfahrung und Wissen. Ein Förster nimmt die Qualität eines Waldes nach forstwirtschaftlichen Kriterien wahr, überschlägt Festmeter- und Tierbestand. Er sieht „genauer" als das Liebespaar, das lediglich eine lauschige Waldschneise zum Kuscheln sucht. Ein Laie sieht das von Figuren bestückte Schachfeld lediglich als ein hübsches Sammelsurium, während der Schachspieler die Konfiguration von König, Dame, Turm, Läufern und Bauern und damit den Stand des Spieles erkennt. In beiden Wahrnehmungen, in der des Waldes durch den Forstwirt und der des Schachfeldes durch den geübten Spieler, ist das tätige Erkenntnis-Ich gleichsam transzendental, die Bedingungen der Möglichkeit der Erkenntnis bestimmend, gegenwärtig.

Was wäre aber, wenn das Liebespaar sich forstwirtschaftliche Kenntnisse aneignete und der naive Betrachter des Schachfeldes das königliche Spiel lernte? Wäre dann nicht aus der niedrig qualifizierten „Erscheinung" des Waldes und des Schachbrettes mit seinen Rätselhaftigkeiten ein klar umrissenes, in seinen vielfältigen Eigenschaften ausgewiesenes „Ding an sich" geworden? Genau diesen Erkenntnisprogress hat der Philosoph der Dialektik, Georg Friedrich Wilhelm Hegel (1770–1830), im Auge. In seiner *Wissenschaft der Logik* (Band I) argumentiert er: „Wenn ihr alle Eigenschaften eines Dinges kennt, so kennt ihr auch das Ding selbst; es bleibt dann nichts als die Tatsache, dass besagtes Ding außer uns existiert, und sobald eure Sinne euch diese Tatsache beigebracht haben, habt ihr den letzten Rest dieses Dings, Kants berühmtes unerkennbares Ding an sich, erfasst."

Gleichwohl ist in der wissenschaftlichen Theoriebildung die Zuhilfenahme von Hypothesen und Modellen, zum Beispiel die der so genannten *Urknalltheorie* des Universums, unerlässlich. Sie stellen, meist mit Hilfe äußerst abstrakter mathematischer Operationen, vorläufige gedankliche Modelle dar, die später im faktischen wissenschaftlichen Experiment unter Beobachtung verifiziert (für wahr erwiesen) oder falsifiziert (für falsch erklärt) werden müssen. Albert Einstein nahm in der Kontroverse Kant contra Hume eine vermittelnde Position ein. Humes Skepsis gegenüber der apodiktischen Erkenntnisgewissheit der Philosophen und Wissenschaftler teilt er. Einstein ist entrüstet, „dass nach ihm (Hume – M.J.) viele, zum Teil hoch geachtete Philosophen so viel Verschwommenes haben schreiben und dankbare Leser finden können (*Mein Leben*, 1989). Andererseits findet der Physiker Einstein Humes Kausalitäts- und Gesetzesleugnung als zu weitgehend. Hier begrüßt Einstein Kant, der, gegen Hume, auf gewissen Erkenntnissen auch in den Naturwissenschaften besteht. Den unverzichtbaren methodischen Gewinn in Kants Lehre sieht Einstein in der „Konstatierung, dass wir uns mit gewisser Berechtigung beim Denken solcher Begriffe bedienen, zu welchen es keinen Zugang aus dem sinnlichen Erfahrungsmaterial gibt, wenn man die Sache vom logischen Standpunkte aus betrachtet“.

In seiner Autobiografie charakterisiert Einstein die empirische Gesetzmäßigkeit auch als apriorische Notwendigkeit. Er sagt: „Nach unserer bisherigen Erfahrung sind wir nämlich zum Vertrauen berechtigt, dass die Natur die Realisierung des mathematisch denkbar Einfachsten ist. Durch rein mathematische Konstruktionen vermögen wir … diejenigen Begriffe und diejenige gesetzliche Verknüpfung zwischen ihnen zu finden, die den Schlüssel für das Verstehen der Naturerscheinungen liefern. Die brauchbaren mathematischen Begriffe können durch Erfahrung wohl nahe gelegt, aber keinesfalls daraus abgeleitet werden. Erfahrung bleibt natürlich das einzige Kriterium der Brauchbarkeit einer mathematischen Konstruktion für die Physik. Das eigentlich schöpferische Prinzip liegt aber in der Mathematik. In einem gewissen Sinn halte ich es also für wahr, dass dem reinen Denken das Erfassen des Wirklichen möglich sei, wie es die Alten geträumt haben." Kant redivus, Kant wiedererstanden!

Kant ist Erhellung des Geistes, Aufklärung pur. Er hat ein für allemal mit seiner *Kritik der reinen*

Vernunft die Möglichkeiten und die Grenzen gegenüber dem Spekulativen, Übersinnlichen abgesteckt. Er sagt nicht, *das gibt es nicht.* Er sagt, *man kann es nicht wissen.* Man darf es glauben. Glauben ist nicht wissen. Es ist gleichsam die sokratische intellektuelle Demut, die uns bei Kant so überzeugt, anrührt und gegen jeglichen Fundamentalismus immunisiert.

Bescheiden, aber bestimmt konstatiert er als Ergebnis der *Kritik der reinen Vernunft*, dass wir niemals über das Reich der Erscheinungen in eine Sphäre der letzthinnigen Dinge zu gelangen vermögen: „Wir haben das Land des Verstandes nicht allein durchreist und jeden Teil davon sorgfältig in Augenschein genommen, sondern es auch gemessen und jedem Dinge auf demselben seine Stelle bestimmt. Dieses Land aber ist eine Insel und durch die Natur selbst in unveränderliche Grenzen eingeschlossen. Es ist das Land der Wahrheit (ein reizender Name), umgeben von einem weiten und stürmischen Ozean, dem eigentlichen Sitz des Scheins, wo manche Nebelbank und manches bald wegschmelzende Eis neue Länder lügt und, indem es den auf Entdeckungen herumschwärmenden

Seefahrer unaufhörlich mit leeren Hoffnungen täuscht, ihn in Abenteuer verflicht, von denen er niemals ablassen und sie doch auch niemals zu Ende bringen kann."

Daher sind auch Spekulationen über das Wesen und die Unsterblichkeit der Seele und der Versuch, Gott zu beweisen (nicht, an ihn zu glauben!), erkenntnismäßig zum Scheitern verurteilt. Wir dürfen sie jedoch als moralische Forderungen („Postulate") und „regulative Ideen" hochhalten. In den *Antinomien* (Gegensätzlichkeiten – M.J.) der reinen Vernunft führt Kant aus, dass die Aussagen über das Weltganze sich in unauflösbare Widersprüche verwickeln und dass ein Gott ebenso wenig bewiesen als widerlegt werden kann. Die Natur soll jedoch unser Nachforschen leiten, „als ob es einen Gott, eine Seele, eine Einheit der Welt gäbe". Die Vernunft erzeuge allerdings, sobald sie die „letzten Fragen" beantworten zu können behaupte, einen Schein und eine Gefahr für das Denken. Deshalb schließt Kant seine transzendentale Elementarlehre mit der Ahnung: „So war es nötig, gleichsam die Akten dieses Prozesses ausführlich abzufassen, und sie im Archive der menschlichen Vernunft, zur Verhütung künftiger Irrung ähnlicher Art niederzulegen."

Die katholische Kirche schäumte vor Wut. Sie verbannte Kants Werk, wie zuvor die Bücher von Giordano Bruno, Spinoza, Hume und Voltaire, auf den *Index librorum prohibitorum*, das Verzeichnis der für Katholiken verbotenen Bücher. Noch Leo XIII., Papst von 1879 bis 1903, warnt den Klerus, ohne den Namen Kants zu nennen, vor seiner Philosophie, „die unter dem verführerischen Vorwand, die menschliche Vernunft von allen Vorurteilen und Täuschungen frei zu machen, ihr das Recht abspricht, irgend etwas auszumachen, außer über ihre eigenen Funktionen, und auf diese Weise einem bodenlosen Skeptizismus alle Beweise aufopfert, welche die überlieferte Metaphysik als notwendige und unerschütterliche Grundlage für die Demonstration des Dasein Gottes, der Spiritualität und der Unsterblichkeit der Seele ... an die Hand gab."

In seiner Abwehr metaphysisch-theologischer Konstruktionen, Geisterwelten und teleologischer (zielgerichteter) Geschichtskonstruktionen wie der christlichen Erlösungsgeschichte zeigt sich Kant, wie sein Verehrer und Freund, der jüdische Philosoph Moses Mendelssohn es formulierte, als der „Allzermalmer" der Metaphysik. Kant weist das totalitäre Deutungsmonopol der Amtskirchen zurück und macht aus Martin Luthers „Hure Vernunft" die „Königin Vernunft" der Neuzeit.

Poetisch hat es der Kantianer Otto Liebmann zum 200. Geburtstag in seinem Gedicht *Kant* ins Bild gerückt:

Geheimnisvolle Werkstatt der Vernunft!
Ein innres Weben, Schaffen und Erkennen
Erzeugt in ewig neuer Wiederkunft
Das große Phänomen, das „Welt" wir nennen;
Er hat's erlauscht, hoch über aller Zukunft,
Wie sich Gedanken einigen und trennen,
Und wie das Ich beharren muss und dauern,
Um sich ein Universum aufzumauern.

Und aus dem Innern stammt das Heilge auch,
Dem wir uns beugen, das wir tief verehren.
Wodurch wird dir Gesetz der Sitte Brauch?

Wer kann unbändiges Handeln dir verwehren?
Ist's nicht der inneren Räthselstimme Hauch,
Herz und Gewissen, was dich muss belehren?
Du selbst musst denkend fühlen, prüfend richten,
Dir aufzubaun dein Heiligthum der Pflichten.

Kant leistet sich nur gelegentlich empathische Überschwänglichkeiten, wie beim „Anblick des gestirnten Himmels über uns und des Sittengesetzes in uns". Er bleibt im Wesentlichen ein nüchterner Vertreter seines aufstrebenden bürgerlichen Standes. Peter Sloterdijk resümiert in seiner Auswahl von Kant-Texten (in *Kant. Ausgewählt und vorgestellt von Günter Schulte*, 1996) die anhaltende Bedeutung des großen Königsbergers so: „Sein Kompass zeigt unbeirrt auf Souveränität, und wie ein weiser Geschäftsmann, der sein Vermögen in der Krise umstrukturiert, zieht Kant seine Einlagen aus den kreditunwürdig gewordenen Unternehmungen der Metaphysik zurück, um sie in die solideren Geschäfte erhöhter Deutlichkeit zu investieren. Sich in einer Welt voller Enteignungsgefahren des eigenen Verstandes wie eines unentäußerlichen Vermögens zu bedienen: Mit diesem Motto bekundet Kant seinen Elan, sich gegen alle Verführungen zur Gedankenarmut und Depression auf das Abenteuer der Deutlichkeit einzulassen."

Kritik der praktischen Vernunft: Die Grammatik des Guten

Handele so, dass du die Menschheit, sowohl in deiner Person, als in der Person eines jeden anderen, jederzeit zugleich als Zweck, niemals bloß als Mittel brauchtest.

Kant
Kritik der praktischen Vernunft

*

Wie wäre es, wenn Unternehmer oder Manager heute bei steigenden Gewinnen und gleichzeitigen Entlassungen im Sinne der Forderung von Kant einmal darüber nachdenken würden, ob sie ihre Arbeiter nicht bloß als Mittel benutzen, um Profit zu machen?

Oskar Negt
Kant und Marx. Ein Epochengespräch

Totschläger: Willensfreiheit
oder
„Abweichung auf Gehirnebene?“

Nachdem Kant die Frage „Was kann ich wissen?" zu beantworten versucht hat, wendet er sich jetzt der zweiten und dritten Frage zu: „Was soll ich tun?" und „Was darf ich hoffen?". Auch der Moralphilosoph Kant unternimmt hier eine *kopernikanische Wende*, sofern er den Menschen in ähnlicher Weise zum Gesetzgeber der Moral macht, wie er ihn in der *Kritik der reinen Vernunft* zum Gesetzgeber der Natur inthronisiert.

Nun könnte man sagen, wie die Römer es formulierten, der Mensch ist ein *animal rationale,* ein vernunftbegabtes Tier, und infolgedessen Herrscher über seine Strebungen. Wo bitte liegt das Problem, möchte man fragen. Doch die Sache ist komplizierter, als es zunächst den Anschein hat. Denn wenn der Mensch in der Lage sein soll, die Grammatik des Guten selbst durchzudeklinieren, so muss er erst einmal Willensfreiheit haben. Genau um dieses Problem aber, ob der Mensch über einen freien Willen verfügt oder durch die nackte Kausalität seiner Milieubedingungen beziehungsweise seiner Affekte und Triebe determiniert ist, tobt seit Jahrhunderten ein erbitterter Streit. Der Dichter Dante

Alighieri (1265–1321) meinte (in *Über die Monarchie*): „Das Grundprinzip unserer Freiheit ist die Freiheit des Willens, die viele im Munde führen, wenige aber verstehen." Der Philosoph Spinoza (1632–1677) befand dagegen in seiner *Ethik*: „Es gibt im Geiste keinen absoluten oder freien Willen; sondern der Geist wird dieses oder jenes zu wollen von einer Ursache bestimmt, die auch wieder von einem anderen bestimmt worden ist, und diese wieder von einem anderen und so fort ins Unendliche."

Auch in der Gegenwart ist die Auseinandersetzung zwischen den „Indeterministen" und „Deterministen" wieder aufgeflammt. In einem Gespräch des Magazins SPIEGEL (31/2007) zwischen dem Hamburger Philologen und Sozialwissenschaftler Jan Philipp Reemtsma und dem Bielefelder Hirnforscher Hans Markowitsch behauptet Markowitsch, der Mensch habe keinen freien Willen: „Unser Handeln ist durch die Verschaltungen in unserem Gehirn determiniert. Viele davon sind stabil, andere verändern sich ständig im Wechselspiel mit der Umwelt, mit dem Werden und Vergehen von Neuronen und der Ausschüttung von Neurotransmittern. Das gibt uns das Gefühl, wir handelten aus freier Entscheidung. Tatsächlich spielt sich unsere Gehirntätigkeit in großen Zügen unbewusst ab, gesteuert durch das emotionale Erfahrungsgedächtnis. Der freie Wille ist eine Illusion." Und: „Wir identifizieren derzeit Mechanismen im Gehirn, die ein Verhalten hervorbringen können, das wir moralisch als böse, juristisch als strafbar bewerten. Neurowissenschaftlich betrachtet sind das Defekte, für die ein Delinquent nichts kann, weil sie angeboren sind oder meist in früher Kindheit erworben wurden."

Reemtsma setzt dem entgegen: „Ohne die Handlung unseres Gegenübers moralisch zu bewerten, könnten wir uns doch im Zusammenleben gar nicht orientieren ... Es sind unsere Handlungen, die uns vor Gericht bringen. Und dort reden wir nicht über Determinanten. Wir dürfen nicht so tun, als gäbe es eine Fundierung der Rechtspraxis in der Biologie."

Markowitsch beharrt auf seiner Erklärung des Bösen als einer gehirnphysiologischen Deviation (Abweichung). Es sei für ihn „vorstellbar", dass bei den Gründungsmitgliedern der Roten Armeefraktion „Bader, Raspe, Ensslin eine spezifische Abweichung auf Hirnebene vorlag". Markowitsch ergänzt: „Der Neuropsychologe Adrian Raine von der Universität von Südkalifornien untersuchte beispielsweise im Tomografen die Gehirne von einundvierzig Mördern, die im Affekt gemordet hatten. Sie wiesen einen reduzierten Stoffwechsel im Frontalhirn auf. Die Aktivität dieser Region ist wesentlich für das Zustandekommen von Mitgefühl, Ethik, Verantwortlichkeit. Normalerweise hemmt sie aggressive Impulse aus dem limbischen System. Bei einundzwanzig als Soziopathen eingestuften Tätern war das Volumen dieses Areals sogar um elf bis vierzehn Prozent kleiner als bei ‚normalen' Menschen. Die Masse der Mörder in den USA hat außerdem einen sehr niedrigen IQ." Schließlich: „Meiner Ansicht nach ist jedes kriminelle Verhalten bedingt durch etwas Pathologisches. In Zukunft wird man möglicherweise sehen, dass sich alle Hirne von Mördern in mindestens einer Determinanten von Hirnen aller Nicht-Mörder unterscheiden und dass genau diese biologischen Abweichungen bedingen, dass jemand mordet."

Philipp Reemtsma hätte sich für sein Plädoyer zur Willensfreiheit Rückendeckung bei Immanuel Kant holen können. In seinem Werk *Grundlegung zur Metaphysik der Sitten* (1785) konstatiert er, die „Freiheit muss als Eigenschaft des Willens aller vernünftigen Wesen vorausgesetzt werden." Kant führt für die Willensfreiheit mehrere Beispiele an. Da sieht sich ein Mensch „durch Not gedrungen, Geld zu borgen. Er weiß wohl, dass er nicht wird bezahlen können, sieht aber auch, dass ihm nichts geliehen werden wird, wenn er nicht festiglich verspricht, es zu einer bestimmten Zeit zu bezahlen. Er hat Lust, ein solches Versprechen zu tun; aber noch hat er so viel Gewissen sich zu fragen: ist es nicht unerlaubt und pflichtwidrig, sich auf eine solche Art aus Not zu helfen? Gesetzt, er beschlösse es doch, so würde seine Maxime der Handlung so lauten: wenn ich mich in Geldnot zu sein glaube, so will ich Geld borgen und versprechen, es zu bezahlen, ob ich gleich weiß, es wird niemals geschehen … Da sehe ich nun sogleich, dass sie (diese Maxime – M.J.) niemals als allgemeines Naturgesetz gelten … könne, sondern sich notwendig widersprechen müsse. Denn die Allgemeinheit eines Gesetzes, dass jeder, nachdem er in Not zu sein glaubt, versprechen könne, was ihm einfällt mit dem Vorsatz, es nicht zu halten, würde das Versprechen und den Zweck, den man damit haben mag, selbst unmöglich machen, indem niemand glauben würde, dass ihm was versprochen sei, sondern über alle solche Äußerungen als eitles Vorgeben lachen würde."

Das Gewissen weiß um die Pflicht an sich. Es ist fähig zu einer vernunftbegründeten Ethik. Es ist daher eine ebensolche verbindliche normative Instanz, wie für Sokrates das *daimonion*, die göttliche Stimme in seiner Brust. Kant erläutert dies an einem anderen Beispiel, das an die Playboys und deren Luxusexistenzen von heute erinnert. Ein Mensch findet nach Kant „in sich ein Talent, welches vermittels einiger Kultur ihn zu einem in allerlei Absicht brauchbaren Menschen machen könnte. Er sieht sich aber in bequemen Umständen und zieht vor, lieber dem Vergnügen nachzuhängen, als sich mit Erweiterung und Verbesserung seiner glücklichen Naturanlagen zu bemühen. Noch fragt er aber, ob außer der Übereinstimmung, die seine Maxime der Verwahrlosung seiner Naturgaben mit seinem Hange zur Ergötzlichkeit an sich hat, sie auch mit dem, was man Pflicht nennt, übereinstimme? Da sieht er nun, dass zwar eine Natur nach einem solchen allgemeinen Gesetze immer noch bestehen könne, obgleich der Mensch (so wie der Südsee-Einwohner) sein Talent rosten ließe und sein Leben bloß auf Müßiggang, Ergötzlichkeit, Fortpflanzung, mit einem Wort auf Genuss zu verwenden bedacht wäre; allein er kann unmöglich wollen, dass dieses ein allgemeines Naturgesetz werde oder als ein solches in uns durch Naturinstinkt gelegt sei. Denn als ein vernünftiges Wesen will er notwendig, dass alle Vermögen in ihm entwickelt werden, weil sie ihm doch allerlei möglichen Absichten dienlich und gegeben sind."

Von hier aus entwickelt Kant den berühmten *Kategorischen Imperativ,* der lautet: „Handele so, als ob die Maxime deiner Handlung durch deinen Willen zum allgemeinen Naturgesetze werden sollte."

Die Moral des Menschen resultiert aus einer höheren Vernünftigkeit. Sie ist autonom (altgriechisch *autos, selbst*, und *nomos, Gesetz*) und nicht heteronom (altgriechisch *heteros, der An-*

dere). Heteronom sind nach Kant alle moralischen Gebote, die sich von Gott, dem Staat oder Konventionen ableiten. Das Sittengesetz ist dagegen wie ein Befehl in *meiner* Brust. Der Gerichtshof ist, wie Kant es formuliert, „im Innern des Menschen aufgeschlagen". Die Autonomie des Menschen ist so hoch zu veranschlagen, dass er unter allen Umständen in der Unverletzbarkeit seiner Würde und seines Existenzrechtes geachtet werden muss: „Nun sage ich: der Mensch und überhaupt jedes vernünftige Wesen existiert als Zweck an sich selbst, nicht bloß als Mittel zum beliebigen Gebrauche für diesen oder jenen Willen, sondern muss in allen seinen sowohl auf sich selbst als auch andere vernünftige Wesen gerichteten Handlungen jederzeit zugleich als Zweck betrachtet werden."

Der Mensch ist ein Zweck an sich. Er darf niemals ausgebeutet, instrumentalisiert, gefoltert und entwürdigt werden, weder als Ausbeutungsobjekt noch als Kanonenfutter. Das sagt sich so selbstverständlich. Aber es ist, historisch gesehen, revolutionär. Da ist kein Platz mehr für feudalen Rechtsbruch. Erinnern wir uns: Noch

1776 verkauften die Fürsten von Braunschweig, Hessen-Kassel, Hannover, Mecklenburg und Bayern rund fünfzigtausend männliche Untertanen als Söldner für den englischen Kolonialkrieg in Amerika.

Der Kern von Kants Ethik ist innerweltlich und republikanisch, wenn er auch oft genug aus der Hülle komplizierter transzendentaler Deduktionen herausgeschält werden muss. Kant: „Nun behaupte ich, dass wir jedem vernünftigen Wesen, das einen Willen hat, notwendig auch die Idee der Freiheit leihen müssen." Denn der Mensch ist nach Kant Bürger zweier Welten. Einerseits ist er in seinem körperlichen Anteil ein Bestandteil der kausalbedingten Erscheinungswelt und somit unfrei. Das ist sein „empirischer Charakter" (Kant). Der Mensch ist aber auch Verstand, Vernunft und Selbstbewusstsein und damit Bürger einer höheren Welt.

Kant nennt sie die „intelligible" Welt: „Um deswillen muss ein vernünftiges Wesen sich selbst als I n t e l l i g e n z ... nicht als zur Sinnen- sondern zur Verstandeswelt gehörig ansehen; mithin hat es zwei Standpunkte, daraus es sich selbst betrachten und Gesetze des Gebrauchs seiner Kräfte, folglich aller seiner Handlungen erkennen kann: einmal, sofern es zur Sinnenwelt gehört, unter Naturgesetzen (Heteronomie), zweitens als zur intelligibelen Welt gehörig, unter Gesetzen, die von der Natur unabhängig, nicht empirisch, sondern bloß in der Vernunft gegründet sind. Als ein vernünftiges, mithin zur intelligibelen Welt gehöriges Wesen kann der Mensch die Kausalität seines eigenen Willens niemals anders als unter der Idee der Freiheit denken; denn Unabhängigkeit von den bestimmenden Ursachen der Sinnenwelt ... ist Freiheit. Mit der Idee der Freiheit ist nun der Begriff der Autonomie unzertrennlich verbunden, mit diesem aber das allgemeine Prinzip der Sittlichkeit, welches in der Idee allen Handlungen vernünftiger Wesen ebenso zugrunde liegt, als das Naturgesetz allen Erscheinungen."

Die Fähigkeit, den Kategorischen Imperativ in sich zu verwirklichen, setzt den Menschen unter die Idee der Freiheit und macht ihn zum Mitglied einer „intelligibelen Welt". „Du kannst, wenn du sollst", sagt Kant knapp. Um dieses Sollen aber weiß nach Kant jeder Mensch: „Der praktische Gebrauch der gemeinen Menschenvernunft bestätigt die Richtigkeit dieser Deduktion. Es ist niemand, selbst der ärgste Bösewicht, wenn er nur sonst Vernunft zu brauchen gewohnt ist, der nicht, wenn man ihm Beispiele der Redlichkeit … vorlebt, nicht wünsche, dass er auch so gesinnt sein möchte. … Er beweist hierdurch also, dass er mit einem Willen, der von Antrieben der Sinnlichkeit frei ist, sich in Gedanken in eine ganz andere Ordnung der Dinge versetze als in die seiner Begierden im Felde der Sinnlichkeit."

Kant hat diese Gedanken in seiner *Kritik der praktischen Vernunft* 1788 detailliert ausgeführt. Zu wissen, was die Pflicht mir gebietet, bedeutet, weder der Heteronomie, der Fremdbestimmung durch fremde Gebote und Verbote, noch der Eudämonie bloßer hedonistischer Neigungen (Handele so, dass du glückselig wirst) zu folgen. Kant: „Die Autonomie des Willens ist das alleinige Prinzip aller moralischen Gesetze und der ihnen gemäßen Pflichten; alle Heteronomie … begründet dagegen nicht allein gar keine Verbindlichkeit, sondern ist vielmehr dem Prinzip derselben und der Sittlichkeit des Willens entgegen.“ Man dürfe nicht die eigene Glückseligkeit zum Bestimmungsgrunde des Willens machen, weil sonst die Moral durch eine sehr irdische Zweckgebung verunreinigt würde: „Vollends aber alles Strafen und Belohnen nur als das Maschinenwerk in der Hand einer höheren Macht anzusehen, welches vernünftige Wesen dadurch zu ihrer Endabsicht (der Glückseligkeit) in Tätigkeit zu setzen allein dienen sollte, ist gar zu sichtbar.“

Handlungen sind nach Kant dann moralisch, wenn sie allein um des Gesetzes willen und nicht aus Neigung und Gefälligkeit erfolgen. So ist nach Kant „die Maxime des Wohlwollens (die tätige Menschenliebe)... aller Menschen Pflicht gegeneinander, man mag diese nun liebenswürdig finden oder nicht, nach dem ethischen Gesetz der Vollkommenheit: Liebe deinen Nebenmenschen als dich selbst.“

Ist nun der Mensch von Natur moralisch gut oder böse? Kant antwortet: „Keines von beiden, denn er ist von Natur gar kein moralisches Wesen; er wird dieses nur, wenn seine Vernunft sich bis zu dem Begriff der Pflicht und des Gesetzes erhebt. Man kann indessen sagen, dass sie ursprünglich Anreize zu allen Lastern in sich habe, denn er hat Neigungen und Instinkte, die ihn anregen, ob ihn gleich die Vernunft zum Gegenteile treibt. Er kann daher moralisch gut werden nur durch Tugend, also aus Selbstzwang."

Als Friedrich Schiller, ein philosophischer Kopf von scharfer Reflexion und überzeugter Kantianer, Kants herben Tugendbegriff mit der Einführung der Begriffe „Anmut" und „Neigung" zu mildern versucht, antwortet ihm Kant höflich aber bestimmt: „Ich gestehe gern: dass ich dem Pflichtbegriffe, gerade um seiner Würde willen, keine Anmut beigesellen kann. Denn er enthält unbedingte Nötigung, womit Anmut in geradem Widerspruch steht. Die Majestät des Gesetzes, gleich dem aus Sinai, flößt Ehrfurcht ein …".

Schiller mochte sich jedoch mit Kants „unbedinger Nötigung" durch die Moral nicht anfreunden. Er dichtete ein ironisches Distichon, einen zweistrophigen Hexameter:

„Gerne dien ich den Freunden,
doch tu ich es leider mit Neigung,
Und so wurmt es mich oft,
dass ich nicht tugendhaft bin.

Da ist kein anderer Rat:
Du musst suchen, sie zu verachten,
Und mit Abscheu alsdann zu tun;
Wie die Pflicht Dir gebeut."

Nietzsche bemerkte süffisant: „Kant verlangt, dass die Pflicht immer etwas lästig falle."

Die Triebfeder sittlicher Gesinnung muss nach Kant von aller sinnlichen Bedingung frei sein: „Die Handlung, die nach diesem Gesetze, mit Ausschließung aller Bestimmungsgründe aus Neigung, objektiv praktisch ist, hat Pflicht ... Es enthält also, als Unterwerfung unter einem Gesetz ... keine Lust, sofern vielmehr Unlust an der Handlung in sich. Dagegen aber, da dieser Zwang bloß durch Gesetzgebung der eigenen Vernunft ausgeübt wird, erhält es auch Erhebung." Wir stehen unter der Disziplin der Vernunft: „Das moralische Gesetz ist heilig (unverletzlich). Der Mensch ist zwar unheilig genug, aber die Menschheit in seiner Person muss ihm heilig sein." Das moralische Gesetz in mir erinnert insofern an die Religion, dass heißt an die Erkenntnis aller Pflichten als göttlicher Gebote, aber „nicht als … Verordnungen eines fremden Willens, sondern als wesentlicher Gesetze eines jeden freien Willens für sich selbst."

Kant wendet sich, wie Reinhard Brandt (*Die Bestimmung des Menschen bei Kant*, 2007) formuliert, „ab von der arché, dem Zeitanfang und der Herrschaft des Geburtsadels und der Erbsünde, hin zu dem, wozu der Mensch generell bestimmt ist." Kant selbst sagt nach einer Vorlesungsnachschrift: „Allgemein führen wir noch an: dass es ganz und gar nicht hier unserer Bestimmung gemäß ist, uns um die künftige Welt viel zu bekümmern; sondern wir müssen den Kreis, zu dem wir hier bestimmt sind, vollenden und abwarten, wie es in Ansehung der künftigen Welt sein wird."

Kant erfindet geradezu hymnische Formulierungen für die Geburt dieser säkularen und immanenten Moral jenseits der Amtskirchen:

„Keine Idee erhebt und belebt das menschliche Gemüt mehr als eben die … einer … reinen moralischen Gesinnung. Dass der Mensch sich bewusst ist, er könne dieses, weil er soll: das eröffnet in ihm eine tiefe göttliche Anlage, die ihm gleichsam einen heiligen Schauer über die Größe und Erhabenheit seiner wahren Bestimmung fühlen lässt.“

Wie kaum ein Denker vor ihm glaubt Kant geradezu heroisch an die Vervollkommnung des Individuums wie des gesamten Menschengeschlechtes. Noch in seinem 1797 entstandenen Spätwerk *Die Metaphysik der Sitten* schreibt er in einem Kapitel *Von der Kriecherei*: „Allein der Mensch als Person betrachtet, d. i. als Subjekt einer moralisch-praktischen Vernunft, ist über allen Preis erhaben … Die Menschheit in seiner Person ist das Objekt der Achtung, die er von jedem anderen Menschen fordern kann … Da er sich aber nicht bloß als Person überhaupt, sondern auch als Mensch, das ist als eine Person, die Pflichten auf sich hat, die ihm seine eigene Vernunft auferlegt, betrachten muss, so kann seine Geringfügigkeit als Tiermensch dem Bewusstsein seiner Würde als Vernunftmensch nicht Abbruch tun, und er soll die moralische Selbstschätzung in Betracht des letzteren nicht verleugnen, das ist, er soll sich um seinen Zweck, der an sich Selbstpflicht ist, nicht kriechend, nicht knechtisch … bewerben, nicht seine Würde verleugnen, sondern immer mit dem Bewusstsein der Erhabenheit seiner moralischen Anlage."

Kant fügt kirchenkritisch hinzu: „Das Hinknien oder Hinwerfen zur Erde, selbst um die Verehrung himmlischer Gegenstände sich dadurch zu versinnlichen, ist der Menschenwürde zuwider, so wie die Anrufung derselben in gegenwärtigen Bildern; denn ihr demütigt euch alsdann nicht unter einem Ideal, das euch eure eigene Vernunft vorstellt, sondern unter einem Idol, was euer eigenes Gemächsel ist."

Kant hasst die höfischen Anreden „Wohledlen, Hochedlen, Hochedelgeborenen, Wohlgeboren als in welcher Pedanterei die Deutschen unter allen Völkern der Erde (die indischen Kasten vielleicht ausgenommen) es am weitesten gebracht haben." Er fragt: „Sind es nicht Beweise eines ausgebreiteten Hanges zur Kriecherei unter Menschen?“ Er meint sarkastisch: „Wer sich aber zum Wurm macht, kann nachher nicht klagen, wenn er mit Füßen getreten wird.“

Man hat Kants Kategorischen Imperativ als formalistisch, abstrakt und gefühlsfern kritisiert. Das hat eine gewisse Berechtigung. Gerade die Psychoanalyse eines Sigmund Freud und Carl Gustav Jung haben uns die Augen dafür geöffnet, dass wir durchaus nicht immer Herr unseres Bewusstseins sind. Was da im Unbewussten rumort, hat schon ein Vordenker der Psychoanalyse, nämlich der meisterliche Psychologe unter den Philosophen, Friedrich Nietzsche, mit dem knappen Diktum umrissen: „Der Intellekt ist ein Knecht des Willens.“

Und doch ist Kants ethische Unbeugsamkeit gerade nach der Nazibarbarei, die aus dem Land der Dichter und der Denker ein Land der Richter und der Henker machte, von strahlender moralischer Leuchtkraft. Kant schließt seine moralischen Überlegungen mit den unsterblichen Worten: „Zwei Dinge erfüllen das Gemüt mit immer neuer und zunehmender Bewunderung und Ehrfurcht, je öfter und anhaltender sich das

Nachdenken damit beschäftigt: der bestirnte Himmel über mir und das moralische Gesetz in mir ... Ich sehe sie vor mir und verknüpfe sie unmittelbar mit dem Bewusstsein meiner Existenz. Das Erste fängt von dem Platze an, den ich in der äußeren Sinnenwelt einnehme und erweitert die Verknüpfung, darin ich stehe, ins unabsehlich Große mit Welten über Welten und Systemen von Systemen ...

Das Zweite fängt von meinem unsichtbaren Selbst, meiner Persönlichkeit an und stellt mich in einer Welt dar, die wahre Unendlichkeit hat, aber nur dem Verstande spürbar ist ... Der erste Anblick einer zahllosen Weltenmenge vernichtet gleichsam meine Wichtigkeit als eines tierischen Geschöpfs, das die Materie, daraus es ward, dem Planeten (einem bloßen Punkt im Weltall) wieder zurückgeben muss, nachdem es eine kurze Zeit (man weiß nicht wie) mit Lebenskraft versehen gewesen. Der Zweite erhebt dagegen meinen Wert als eine Intelligenz unendlich durch meine Persönlichkeit, in welcher das moralische Gesetz mir ein von der Tierheit und selbst von der ganzen Sinnenwelt unabhängiges Leben offenbart ...“

Jürgen Habermas schrieb 2004 einen Aufsatz mit dem Titel *Die Grenze zwischen Glauben und Wissen. Zur Wirkungsgeschichte und aktuellen Bedeutung von Kants Religionsphilosophie.* Darin kommt er zu dem bündigen Schluss: „Kants Moralphilosophie lässt sich insgesamt als der Versuch verstehen, das kategorische Sollen göttlicher Gebote auf diskursivem (begrifflich schließend, schlussfolgernd – M.J.) Wege zu rekonstruieren (wiederaufzubauen – M.J.). Die Transzendentalphilosophie hat im Ganzen den praktischen Sinn, den transzendenten Gottesstandpunkt in eine funktional äquivalente (gleichwertige – M.J.) *innerweltliche* Perspektive zu überführen und als moralischen Gesichtspunkt zu bewahren."

Das gehe nicht ohne Widerspruch ab, sei aber auch wertvoll. Habermas: „Die Vernunft kann den Kuchen der Religion nicht gleichzeitig verzehren und behalten wollen. Gleichwohl verdient die konstruktive Absicht der Kantischen Religionsphilosophie nach wie vor unser Interesse, wenn wir wissen möchten, was wir, unter Bedingungen nachmetaphysischen Denkens, von der Artikulationskraft der Weltreligionen für den Gebrauch der praktischen Vernunft lernen können."

Hier wäre an die Vision des kritischen katholischen Theologen Hans Küng *Projekt Weltethos* (1990) zu denken. In seinem Folgeband *Ja zum Weltethos* (1995) hofft der ökumenische Denker: „Die Religionen – wo immer sie, ob in Polen oder in Südafrika, auf den Philippinen oder in Südamerika, aktiviert werden können – sind nach wie vor eine geistige Kraft, die das Antlitz der Erde zum Guten verwandeln könnte."

Die „unsichtbare Kirche“: Die Vernunftreligion

Wer irgendeine Art von Religion zur Stütze seiner Sittlichkeit bedarf, dessen Moralität ist nicht darin, denn sie muss ihrer Natur nach in sich selbst bestehen.

Karoline von Günderrode (1780–1806)
Geschichte eines Bramanen

*

Die Moral, sofern sie auf dem Begriffe des Menschen als eines freien, eben darum aber auf sich selbst durch seine Vernunft an unbedingte Gesetze bindenden Wesens begründet ist, bedarf weder der Idee eines anderen Wesens über ihm, um seine Pflicht zu erkennen, noch einer anderen Triebfeder als das Gesetz selbst, um sie zu beobachten.

Kant
Die Religion innerhalb der Grenzen
der bloßen Vernunft

„Religion
ist Gewissenhaftigkeit"
Kant

„Nun sag: Wie hast du's mit der Religion?", fragt das fromme Gretchen den Professor Faust. Dieser windet sich mit weitschweifigen Erklärungen. Der Professor Kant ist da prägnanter. Er schafft es schon, im für die damalige Zeit skandalösen Titel seines einschlägigen Werkes *Die Religion innerhalb der Grenzen der bloßen Vernunft* (1793) die geistige Richtung vorzugeben: Die Religion steht nicht mehr eigenständig außerhalb der Vernunft, sondern sie befindet sich innerhalb ihres Territoriums. Sie muss sich vor der Vernunft rechtfertigen. Leider können wir Kants Auseinandersetzung mit Gott und der Religion auch heute noch nicht als eine längst geschlagene Schlacht des 18. Jahrhunderts abtun. Die religiöse Konfliktlage ist nach wie vor virulent.

Die deutsche Bevölkerung organisiert sich zum Beispiel noch zu zwei Dritteln konfessionell. Nach dem Krieg bekannten sich sogar noch fast neunzig Prozent der Deutschen zum Katholizismus oder Protestantismus. Dann vollzog sich die Säkularisierung der Bundesrepublik in drei massiven Schüben. 1968 setzte die Studentenbewegung eine Aufklärungswelle in Gang, die auf

Freiheit statt Religion setzte, das konservierend-konservative Klima der Adenauer-Ehrhardt-Kiesinger-Restauration hinwegblies und starke politisch geistige Innovationsschübe brachte. Dann wurden in den Achtzigern die Gotteshäuser immer leerer; besonders Jugendliche suchten nach spirituellen Angeboten jenseits der engen konfessionellen Schranken. Die beiden großen Kirchen mussten einen Mitgliederschwund im Millionenmaßstab hinnehmen. Der dritte Schub setze 1989 mit dem Fall der Mauer und dem Beginn der Wiedervereinigung ein. Fünfzehn Millionen DDR-Bürger, die meisten konfessionslos und praktisch atheistisch, verdünnten erneut die religiöse Luft und drückten die Kirchenstatistik, im Vergleich zur Gesamtbevölkerung, nach unten. Die Inthronisation des „deutschen“ Papstes trug im neuen Jahrtausend zur Kirchendistanz von vielen noch Gläubigen bei. Denn der alte Hardliner Josef Ratzinger mag zwar der Liebling der Boulevardpresse sein, aber er profilierte sich als führender Verfasser des reaktionären *Katechismus der katholischen Kirche* von 1992. Der langjährige Chef der „Glaubenskongregation“, (der Nachfolgebehörde der Inquisition!), agiert mit aller

Härte gegen Abtreibung, Wiederzulassung von Geschiedenen zu den christlichen Sakramenten, Schwulenehe, Freigabe von Kondomen, Zölibat und Befreiungstheologie. Er sträubt sich, dass die Türkei Bestandteil eines „christlichen" Europas wird und spricht als Papst Benedikt XVI. noch im 21. Jahrhundert strikt antiökumenisch der evangelischen Glaubensbrüderschaft die Qualität einer Kirche ab.

Die Menschen sind jedoch mündig geworden. Sie schaffen sich ihren eigenen Gott, eigene Riten und Glaubensformen oder sie gehen einen freigeistigen humanistischen Lebensweg. Aus Befragungen wissen wir: Nur noch jeder zehnte deutsche Christ geht regelmäßig in die Kirche. Selbst viele Kirchensteuerzahler glauben nicht mehr. Es gibt insgesamt mehr Agnostiker („Ich weiß nicht, ob es Gott gibt") und Atheisten („Ich glaube nicht, dass es Gott gibt") als Gott-Gläubige. Eine Emnid-Umfrage ergab: Die Mehrheit der Deutschen glaubt nicht an die leibliche Auferstehung Jesu, seine Gottes-Sohnschaft, seine Wunder, die Jungfrauengeburt, an die Erbsünde, die Existenz von Himmel und Hölle und eine persönliche Auferstehung nach dem Tode. Sie stimmen dem von der Kirche suspendierten Theologen Eugen Drewermann, der inzwischen aus der katholischen Kirche ausgetreten ist, zu wenn er sagt: „Gott ja, Kirche nein“.

In einer meiner Selbsterfahrungsgruppen habe ich einmal das religiöse Bekenntnis Albert Einsteins zur Diskussion vorgelegt. Einstein bekennt (in *Mein Weltbild*): „Das Schönste, was wir erleben können, ist das Geheimnisvolle. Es ist das Grundgefühl, das an der Wiege von wahrer Kunst und Wissenschaft steht. Wer es nicht kennt und sich nicht mehr wundern, nicht mehr staunen kann, der ist sozusagen tot und sein Auge erloschen. Das Erlebnis des Geheimnisvollen – wenn auch mit Furcht gemischt – hat auch die Religion gezeugt. Das Wissen um die Existenz des für uns Undurchdringlichen, der Manifestationen tiefster Vernunft und leuchtendster Schönheit, die unserer Vernunft nur in ihren primitivsten Formen zugänglich sind, dies Wissen und Fühlen macht wahre Religiosität aus; in diesem Sinn und nur in diesem gehöre ich zu den tief religiösen Menschen. Einen Gott, der die Objekte seines Schaffens belohnt und bestraft, der überhaupt einen Willen hat nach Art desjenigen, den wir an uns selbst erleben, kann ich mir nicht einbilden. Auch ein Individuum, das seinen körperlichen Tod überdauert, mag und kann ich mir nicht denken; mögen schwache Seelen aus Angst oder lächerlichem Egoismus solche Gedanken nähren. Mir genügt das Mysterium der Ewigkeit des Lebens und das Bewusstsein und die Ahnung von dem wunderbaren Bau des Seienden, sowie das ergebene Streben nach dem Begreifen eines noch so winzigen Teiles der in der Natur sich manifestierenden Vernunft."

Dreizehn der vierzehn Gruppenteilnehmer stimmten mit Einsteins Auffassung überein. Eine Teilnehmerin konnte ihm nicht folgen. Sie sei, so erklärte sie, Pastoralreferentin in einer katholischen Gemeinde. Mit Schmerz in der Stimme berichtete sie der Gruppe, dass die Kirchen im Glaubwürdigkeitstest der Institutionen inzwischen hinter dem ADAC rangierten.

Kants *Religion innerhalb der bloßen Vernunft* baut auf seiner *Kritik der reinen Vernunft* auf. Wir erinnern uns, der *Allzermalmer* der Metaphysik hatte dort die seit Jahrhunderten geltenden logischen „Gottesbeweise“ zertrümmert. Wie lauteten sie? Wie widerlegte er sie? Der wohl bedeutendste Kirchenlehrer Thomas von Aquin (1224–1274) legte gleich fünf vermeintliche Gottesbeweise vor. Der italienische Theologe schloss von der Veränderung der Dinge auf ein letztes Unveränderliches (erster Weg), aus der Kette zahlloser Ursachen und Wirkungen auf einen Unverursachten (zweiter Weg). Die Zufälligkeit (Kontingenz) der Welt und ihrer Dinge verweise auf etwas schlechthin Notwendiges (dritter Weg). Die Unvollkommenheit der Dinge auf etwas Vollkommenes (vierter Weg), die Zielgerichtetheit von Naturvorgängen auf etwas Lenkendes (fünfter Weg). Thomas von Aquin kam in seiner Schrift *Über die Schauung Gottes* zu dem Schluss: „Die Ordnung der Glieder des Alls zueinander besteht Kraft der Ordnung des ganzen Alls auf Gott hin.“ Bereits vor ihm hatte der englische Theologe Anselm von Canterbury (1033–1199) einen „ontologischen Gottesbeweis“ aus dem Geist reiner Logik vorgelegt. Er sieht so aus: Erste Prämisse: Gott kann nur als vollkommenes und notwendiges Wesen gedacht werden. Zweite Prämisse:

Zur Vollkommenheit und Notwendigkeit gehört auch die Existenz. Resultat: Also existiert Gott.

Beide Denker trafen also im Sinne Kants metaphysische, jenseits der menschlichen Erfahrung liegende Feststellungen.

Kant weist bei dem ontologischen Gottesbeweis einen entscheidenden Denkirrtum nach. Hier geht es um verschiedene Realitätsebenen. Wenn ich beispielsweise, so Kant, sage, eine Triangel ist ein Dreieck und hat als solches notwendigerweise drei Winkel, so ist dies ein notwendiges (analytisches) Urteil, weil es denknotwendig ist. Die Aussage beinhaltet aber keineswegs, dass eine Triangel vor mir liegt und existiert. Es handelt sich lediglich um einen operativen Denkakt. Denknotwendig ist nicht daseinsnotwendig. Hundert gedachte Taler enthalten zwar nicht mehr als wirkliche hundert Taler in meinem Portemonnaie, aber, so Kant, ich besitze sie nicht, sie sind inexistent. Wenn ich Gott als vollkommen und notwendig *denke*, so bleibe ich im Reich der Gedanken, nicht in dem der Existenz. Das kann mich nicht hindern, an Gott zu *glauben*, aber ich kann ihn nicht beweisen, wie ich etwa Newtons Gesetz der Schwerkraft empirisch und wissenschaftlich begründe. Kant: „Das höchste Wesen bleibt also ein bloßes, aber doch fehlerfreies Ideal, ein Begriff (Hervorhebung – M. J.), welcher die ganze menschliche Erkenntnis schließt und krönt."

Ebenso weist Kant den „kosmologischen" Gottesbeweis als unlogisch zurück. Er besagt, dass vom Dasein des Kosmos auf Gott zu schließen sei. Damit die Kausalkette überhaupt funktioniere, muss es nach Thomas von Aquin an ihrem Ende eine unbedingte, absolute, in sich notwendige Ursache geben. Kant wendet ein, dass dieses Unbedingte und Nichtbedingte nur als Jenseits der Welt Befindliches gedacht werden kann, andererseits aber auch das letzte Glied der uns bekannten wirkenden Ursachenkette im Diesseits sein soll. Es ist aber nicht möglich, die Reihe der Kausalität auf ein Jenseits auszudehnen, da die Kausalität nur empirisch vorstellbar ist und zum kategorialen *modus operandi* des Menschen gehört: „Die unbedingte Notwendigkeit, die wir, als den letzten Träger aller Dinge, so unentbehrlich bedürfen, ist der wahre Abgrund für die menschliche Vernunft."

Der „physiko-theologische" Gottesbeweis, auch „teleologischer Gottesbeweis" genannt (von altgriechisch *telos, Ziel*), schließt von der zweckmäßigen Ordnung der Natur auf einen letzten Zweck. Kant gibt zu bedenken: „Würde das höchste Wesen in dieser Kette der Bedingungen stehen, so würde er selbst ein Glied der Reihe derselben sein, und, ebenso, wie die niederen Glieder, denen es vorgesetzt ist, noch fernere Untersuchungen wegen seines noch höheren Grundes erfordern. Wie man es dagegen von dieser Kette trennen, und, als ein bloß intellegibeles Wesen, nicht in der Reihe der Naturursachen mitbegreifen: welche Brücke kann die Vernunft alsdenn wohl schlagen, um zu demselben zu gelangen? Da alle Gesetze des Überganges von Wirkungen zu Ursachen ... überhaupt auf nichts anderes, als mögliche Erfahrung, mithin bloß auf Gegenstände der Seelenwelt gestellt sein und nur im Ansehen ihrer eine Bedeutung haben können."

Kant, der nach vielfacher Selbstbekundung ein Gegner des „Atheism" und der „Freygeisterei" ist, verharrt als Erkenntnistheoretiker in der Schwebe. Einerseits konstatiert er: „Für das

Dasein einer Gottheit oder der Seele ist schlechterdings kein theoretischer Beweis für die menschliche Vernunft möglich. Und dies aus dem ganz begreiflichen Grunde: weil zur Bestimmung des Übersinnlichen für uns gar kein Stoff da ist. Müssten wir ihn doch von Dingen der Sinnenwelt hernehmen, denen er aber nicht angemessen ist." Andererseits: „Der da sagt, dass ein Gott sei, sagt mehr, als er weiß, und der das Gegenteil sagt, desgleichen."

Als Moralist bekundet Kant in der *Kritik der reinen Vernunft*: „Ich musste also das Wissen aufheben, um zum Glauben Platz zu bekommen." Womit wir im Herzstück des Kantschen Spätwerkes *Die Religion innerhalb der Grenzen der bloßen Vernunft* sind. Der Philosoph Wilhelm Weischedel rühmt in seiner groß angelegten Untersuchung *Der Gott der Philosophen. Grundlegung einer philosophischen Theologie im Zeitalter des Nihilismus* (1983): „In der Geschichte der Philosophischen Theologie stellt Immanuel Kant einen bedeutsamen Einschnitt dar. Denn bei ihm wird die Problematik dieser Disziplin so intensiv aufgeworfen und durchdacht wie bei keinem anderen Denker vor ihm."

Kant befindet in seiner Religionsschrift gleich am Anfang: „Die Moral… bedarf weder der Idee eines anderen Wesen über ihm, um seine Pflicht zu erkennen, noch einer anderen Triebfeder als des Gesetzes selbst, um sie zu beobachten… Sie bedarf also zum Behuf ihrer Selbst… keineswegs der Religion, sondern vermöge der reinen praktischen Vernunft ist sie sich selbst genug." Im Gegenteil, warnt Kant, „eine Religion, die der Vernunft unbedenklich den Krieg ankündigt, wird es auf die Dauer gegen sie nicht aushalten".

Kant setzt auf den mündigen Menschen, der Bürger zweier Welten, der empirischen und der intellegiblen, ist. Man muss sich selbst erziehen. Kant: „Was der Mensch im moralischen Sinne ist oder werden soll, Gut oder Böse, dazu muss er sich selbst machen oder gemacht haben." … „Wie es nun möglich sei, dass ein natürlicher Weise böser Mensch sich selbst zum guten Menschen mache, das übersteigt alle unsere Begriffe; denn wie kann ein böser Baum gute Früchte bringen… Ungeachtet jenes Abfalls erschallt doch das Gebot: wir sollen bessere Menschen werden, unvermindert in unserer Seele; folglich müssen wir es auch können."

Das Gute und Böse kämpfen um die Herrschaft über den Menschen, sagt Kant. Hier ist er ganz Realist. Kant weiß, „Der Mensch ist aus einem krummen Holz geschnitzt". Die Tugend preist Kant als eine aktive Leistung des vernünftigen, in sich gegründeten Menschen. Sie besteht nicht im sklavischen Gottesdienst des gläubig Kriechenden: „Dass, um ein moralisch guter Mensch zu werden, es nicht genug sei, den Keim des Guten, der in unserer Gattung liegt, sich bloß ungehindert entwickeln zu lassen, sondern auch eine in uns befindliche entgegenwirkende Ursache des Bösen zu bekämpfen sei, das haben unter allen alten Moralisten vornehmlich die Stoiker durch ihr Losungswort Tugend, welches ... Mut und Tapferkeit bezeichnet und also einen Feind voraussetzt, zu erkennen gegeben. In diesem Betracht ist der Name Tugend ein herrlicher Name ..., denn den Mut auffordern, ist schon zur Hälfte so viel als ihn einflößen; dagegen die faule, sich selbst gänzlich misstrauende und auf äußere Hilfe harrende kleinmütige Denkungsart (in Moral und Religion) alle Kräfte des Menschen abspannt und ihn dieser Hilfe selbst unwürdig macht."

Die Vernunftreligion ist im Kern der Glaube an das Gute. Sie delegiert nicht die eigene Verantwortung an „höhere" Instanzen. Sie ist eine Religion des pflichtgemäßen Lebenswandels auf der Suche nach Vervollkommnung. Die Kirche hat nach Kant ein Versammlungsort für die Unterweisung des vernünftigen Gottes zu sein. Die Priester fungieren in ihr nur als Erzieher. Die „Idee" eines Gottes hat anspornende Kraft, aber er ist weder ein Erlöser noch ein Wunder wirkendes Wesen. Kant: „Es bedarf also keines Beispiels der Erfahrung, um die Idee eines Gottes moralisch wohlgefälligen Menschen uns zum Vorbilde zu machen; sie liegt als ein solches schon in unserer Vernunft ... wer etwa außerdem noch Wunder, die durch ihn oder für ihn geschaffen sein müssten, zur Beglaubigung fordert: der bekennt zugleich hierdurch seinen moralischen Unglauben, ... weil nur der Glaube an die praktische Gültigkeit jener Idee, die in unserer Vernunft liegt, ... moralischen Wert hat."

Es ist unzulässig, übernatürliche Kräfte einzufordern. Kant: „Was aber Wunder überhaupt betrifft, so findet sich, dass vernünftige Menschen den Glauben an dieselben, denen sie gleichwohl nicht … entsagen … doch niemals wollen praktisch aufkommen lassen; welches soviel sagen will als: sie glauben zwar, was die *Theorie* betrifft, dass es dergleichen gäbe, *in Geschäften* aber statuieren sie keine. Daher haben Regierungen jederzeit zwar eingeräumt, jawohl gar unter die öffentlichen Religionslehren die Meinung gesetzlich aufgenommen, dass *voralters* Wunder geschehen werden, *neue* Wunder aber nicht erlaubt.“

Denken wir in diesem Zusammenhang beispielsweise an die tausenden, zum Teil von der Amtskirche beglaubigten „Marienerscheinungen“ oder die „Stigmatisierungen“ von Menschen (Padre Pio) oder das vermeintliche Wunder der Nahrungslosigkeit einer Theresa von Konnersreuth, so lässt der Aufklärer Kant uns wissen: „Nehmen wir aber an, dass Gott die Natur auch bisweilen und in besonderen Fällen von … ihren Gesetzen abweichen lasse, so haben wir nicht den mindesten Begriff und können auch nie hoffen, eines der Gesetze zu bekommen, nach welchem Gott alsdann bei Veranstaltung einer solchen Begebenheit verfährt… Hier wird nun die Vernunft wie gelähmt, indem sie dadurch in ihrem Geschäfte nach bekannten Gesetzen aufgehalten, durch kein neues aber belehrt wird."

Kant mag auch nicht an die Lehre von Jesus als dem auf der Erde wandelnden Sohn Gottes glauben, weil ein solcher Offenbarungsglaube die Moral aushebele: „Wäre nun ein solcher wahrhaftig göttlich gesinnter Mensch zu einer gewissen Zeit gleichsam vom Himmel auf die Erde herabgekommen, der durch Lehre, Lebenswandel und Leiden das Beispiel eines Gott wohlgefälligen Menschen an sich gegeben hätte,… hätte er durch alles dieses ein unabsehlich großes moralisches Gute in der Welt durch eine Revolution im Menschengeschlechte hervorgebracht: so würden wir doch nicht Ursache haben, an ihm etwas anderes als einen natürlich gezeugten Menschen anzunehmen…" Kant sieht in Jesus einen moralisch hochstehenden Menschen, aber keinen Gott. Kant befindet sich dabei in guter Gesellschaft. Es war Goethe, der über den Mann aus Nazareth (in *Diwan. Aus dem Nachlass*) dichtete:

> „Jesus fühlte rein und dachte
> nur den einen Gott im Stillen;
> Wer ihn selbst zum Gotte machte,
> Kränkte seinen heiligen Willen."

Wenn die christliche Religion, im Gegensatz zur älteren jüdischen und zur jüngeren islamischen, Jesus zum Gottessohn wie Kant sagt, *hypostasiert* (verdinglicht), so kann dieser vergöttlichte Jesus gerade deshalb nicht als vernunftgemäßes Vorbild für einen normalen Erdenmenschen dienen. Kant: „So würde diese Distanz vom natürlichen Menschen dadurch wiederum so unendlich groß werden, dass jener göttliche Mensch (Jesus – M. J.) für diesen nicht mehr zum Beispiel aufgestellt werden könnte. Der letztere würde sagen: man gebe mir einen ganz heiligen Willen, so wird alle Versuchung zum Bösen von selbstem an mir scheitern; man gebe mir die innere vollkommenste Gewissheit, dass nach einem kurzen Erdenleben ich (zufolge jener Heiligkeit) der ganzen ewigen Herrlichkeit des Himmels sofort teilhaftig werden soll, so werde ich alle Leiden, so schwer sie auch immer sein mögen, bis zum schmählichsten Tode nicht allein willig, sondern auch mit Fröhlichkeit übernehmen, da ich den herrlichen und nahen Ausgang mit Augen vor mir sehe."

Kants psychologische Beobachtung erinnert an das heutige Agieren der islamischen „Selbstmordattentäter" von den Zerstörern des World Trade Center in New York vom 11.9.2001 bis zu ihren Nachfolgern im Irak und in Afghanistan. Sie glauben an eine umgehende Belohnung im Paradies mit siebzig Jungfrauen(!) und allen sonstigen Freuden irdischer Genüsse. Moral fragt jedoch, nach Kant, nach keiner Belohnung, sondern erhält ihren Wert aus sich selbst.

Religion ist für Kant die Erkenntnis unserer *Pflichten* als göttliche Gebote: „Es kann demnach eine Religion die natürliche, gleichwohl aber auch geoffenbart sein, wenn sie so beschaffen ist, dass die Menschen durch den bloßen Gebrauch ihrer Vernunft auf sie von selbst hätten kommen können und sollen."

Kant, der historisch denkt, sieht drei weltgeschichtliche Entwicklungsetappen der Religion. Die Erste ist der areligiöse Zustand der Menschen. Ihm folgt ein noch unvollkommener Religionstypus, die „gottesdienstliche Religion". Erst die dritte Etappe bringt den Vernunftglauben. Dieser kennt zwar noch den Begriff „Gott", aber er ist eher eine leitende, wie Kant formuliert, „regulative Idee".

Natürlich wird hier ein Theologe fragen: Ist das noch Gott? Man setzt bei Kant für den Begriff Gott in der Sache besser das „Sittengesetz". Zu einem Sittengesetz kann man aber, wie Kant selbst betont, nicht beten, keine außerirdische Erlösung von ihm erwarten und keinen personalen Trost holen. Dieser Gott ist ganz und gar unsinnlich. Kant wiederholt auch hier wieder das Resultat seiner Überlegungen, „dass für das Dasein des Urwesens als einer Gottheit, oder der Seele als eines unsterblichen Geistes schlechterdings kein Beweis in theoretischer Absicht … für die menschliche Vernunft möglich sei; dieses aus dem ganz begreiflichen Grunde: weil zur Bestimmung der Ideen des Übersinnlichen für uns gar kein Stoff da ist, in dem wir diesen letz-

Ein Verlag, ein Haus, eine Philosophie

- ☐ Sie möchten weitere Bücher aus dem emu-Verlag kennenlernen – wir schicken Ihnen unser Verlagsprogramm.
- ☐ Sie sind interessiert an der Ausbildung ärztlich geprüfte(r) Gesundheitsberater/in GGB – wir senden Ihnen das Lehrprogramm zu.
- ☐ Sie sind interessiert an unseren Frauen- oder Männer-Selbsterfahrungsgruppen – Sie erhalten das Programm und die Termine unserer Therapeuten.
- ☐ Sie wollen sich über Gesundheitsfragen und Vollwerternährung informieren – fordern Sie ein Probe-Exemplar des industrieunabhängigen Monatsmagazins »Der Gesundheitsberater« an.

(kreuzen Sie Ihren Wunsch an)

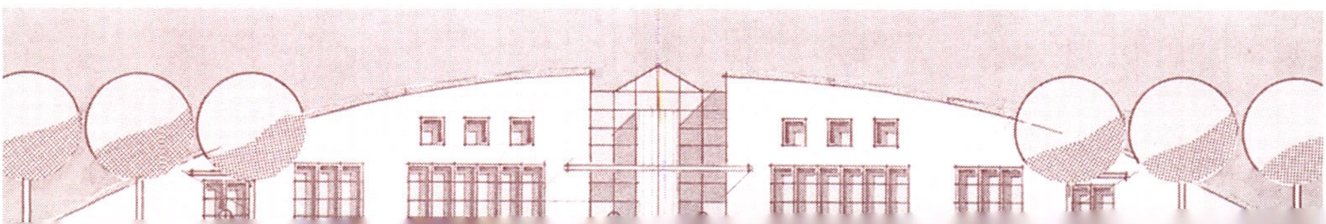

Bitte in deutlichen Druckbuchstaben!

Absender:

____

____

____

Bitte
ausreichend
frankieren

emu Verlags- und
Vertriebs-GmbH
Dr.-M.-O.-Bruker-Haus
Dr.-Max-Otto-Bruker-Str. 3
56112 Lahnstein

teren von Dingen in der Sinnenwelt hernehmen müssten, ein solcher aber jenem Objekte schlechterdings nicht angemessen ist, aber, ohne eine Bestimmung derselben, nicht mehr als der Begriff von einem nichtsinnlichen Etwas übrig bleibt ..."

Ja, Kant geht noch einen Schritt weiter. Er spricht in schärfsten Tönen „vom Afterdienst Gottes in einer statuarischen Religion": „Diesen statuarischen Glauben nun (der allenfalls auf ein Volk eingeschränkt ist und nicht die allgemeine Weltreligion enthalten kann) für wesentlich zum Dienste Gottes überhaupt zu halten und ihn zur obersten Bedingung des göttlichen Wohlgefallens an Menschen zu machen, ist ein Religionswahn, dessen Befolgung ein Afterdienst, d.i. eine solche vermeintliche Verehrung Gottes ist, wodurch dem wahren, von ihm selbst geforderten Dienste gerade entgegengehandelt wird." Die allgemein praktizierte (statuarische) Religion mit ihrem Persönlichkeitsensemble von „Gottvater", „Gottsohn", „Gottesmutter", „Erzengeln", „gewöhnlichen Engeln", dem „Teufel" und der „Schlange des Bösen" sind nach Kant allzu durchsichtige Projektionen menschlicher Seelenzustände und Bedürfnisse: „Denn da machen wir uns einen Gott, wie wir ihn am leichtesten zu unserem Vorteil gewinnen können und der beschwerlichen ununterbrochenen Bemühung, auf das Innerste unserer moralischen Gesinnung zu wirken, überhoben zu werden glauben." Knapp ein halbes Jahrhundert später verdichtet der Religionskritiker Ludwig Feuerbach (1804–1872) Kants Kritik zu der dialektischen Formel: „Der Mensch schuf Gott nach seinem Bilde."

Kant wendet sich gegen das Ablass- und Wallfahrtswesen, Beichte und Sakramentendienste, Prozessionen, geweihte Medaillen, Weihwasser- und Heiligenkult. Weder das Beten noch Kirchgang, Taufe oder Kommunion sind für ihn Gnadenmittel: Sie „unter die Glaubensartikel aufzunehmen, ist ein Wahn der Religion, der nicht anders als dem Geiste derselben gerade entgegenwirken kann. – Pfaffentum also überhaupt würde die ursupierte Herrschaft der Geistlichkeit über die Gemüter sein, dadurch dass sie eben ausschließlich im Besitz der Gnadenmittel zu sein sich das Ansehen gäbe."

Kant warnt vor diesen „erkünstelten Selbsttäuschungen in Religionssachen“: „Ob der Andächtige seinen statutenmäßigen Gang zur Kirche, oder ob er eine Wallfahrt nach den Heiligtümern in Loretto oder Palästina anstellt, ob er seine Gebetsformel mit den Lippen oder, wie der Tibetaner... durch ein Gebet-Rad an die himmlische Behörde bringt, oder was für ein Surrogat des moralischen Dienstes Gottes es auch immer sein mag, das ist alles einerlei und von gleichem Wert. – Es kommt hier nicht sowohl auf den Unterschied in der äußeren Form, sondern alles auf die Annehmung und Veranlassung des alleinigen Prinzips an, Gott entweder nur durch moralische Gesinnung... oder durch frommes Spielwerk und Nichtstuerei wohlgefällig zu werden.“ Und: „Der Wahn, durch religiöse Handlungen des Kultes etwas in Ansehung der Rechtfertigung vor Gott auszurichten, ist der religiöse Aberglaube; so wie der Wahn, dieses durch Bestrebung zu einem vermeintlichen Umgange mit Gott bewirken zu wollen, die religiöse Schwärmerei.“

Schwärmerischer Religionswahn ist für Kant „der moralische Tod der Vernunft, ohne die doch gar keine Religion, als welche, wie alle Moralität überhaupt, auf Grundsätze gegründet werden muss, stattfinden kann." Die einzig gute Religion ist nach Kant die *„Religion des guten Lebenswandels"*.

An eine wirkliche „Gnadenwirkung" Gottes im Sinne Luthers mag Kant letztlich nicht glauben. Er schreibt zwar, „es ist nicht wesentlich und also nicht jedermann notwendig zu wissen, was Gott zu seiner Seligkeit tue oder getan habe; aber wohl, was er selbst zu tun habe, um dieses Beistands würdig zu werden". Wenn Kant aber im gleichen Atemzug die „Wiederherstellung durch eigene Kraftanwendung" vor aller Gnadenwirkung fordert und davor warnt, die Gnadenbitte in die Maximen der Vernunft aufzunehmen, so lehnt er, zugunsten des Vernunftsubjektes der Neuzeit, die reformatorische Rechtfertigungs- und Erlösungslehre ab.

Kant befreit, wie ein Spinoza, Hume oder Voltaire vor ihm, die Philosophie aus der Zwangsjacke der Theologie. Sie ist nicht mehr die *ancilla theologiae*, die *Magd der Theologie.* In seiner Spätschrift *Streit der Fakultäten* (1798) bekämpft

Kant die Ordnung des alten scholastischen Universitätssystems mit den beißenden Worten: „Auch kann man allenfalls der theologischen Fakultät den stolzen Anspruch, dass die Philosophische ihre Magd sei, einräumen (wobei noch immer die Frage bleibt, ob diese ihrer gnädigen Frau die Fackel voranträgt oder die Schleppe nachträgt), wenn man sie nur nicht verjagt oder ihr den Mund zubindet."

Kant bleibt jedoch in seiner Religionsschrift nicht bei der Negation bloßer Kirchenkritik. Immer wieder kreisen seine Gedanken um den Begriff „Gott". Er sucht diesen und das Wesen der Religion philosophisch aufzuladen. Das Wesen seines Philosophengottes schillert. Kant variiert das Thema in seinem *Opus posthumum*, der schriftstellerischen Hinterlassenschaft, in immer neuen Definitionen: „Gott ist nicht ein außer mir bestehendes Ding, sondern mein eigener Gedanke. Es ist ungereimt zu fragen, ob ein Gott sei." Und: „Gott ist nicht ein Wesen außer mir, sondern bloß ein Gedanke in mir. Gott ist die moralisch-praktische, sich selbst gesetzgebende Vernunft." Oder: „Dass ein Gott sei, dieses Postulat gründet auf dem Prinzip der moralisch-praktischen Vernunft, weil die Menschenvernunft ohne jenes durch Menschen sonst nicht gezügelt sein würde. Der Satz ist nicht objektiv, sondern subjektiv begründet." Schließlich fokussiert Kant die Religion auf das radikal Menschliche: „Religion ist Gewissenhaftigkeit... Die Heiligkeit der Zusage und Wahrhaftigkeit dessen, was der Mensch sich selbst bekennen muss."

Kant selbst hörte auf, zur Kirche zu gehen. Einer seiner Studenten, Pörschke, berichtet, Kant habe ihm oft versichert: „Er sei schon lange Magister gewesen und habe noch an keinem Satz des Christentums gezweifelt; nach und nach sei ein Stück ums andere abgefallen." Einer der Tischgäste Kants, Hasse, erinnert sich an die Usancen im Hause: Wenn der Diener Lampe feierlich in der Türe erschien mit dem Rufe „Die Suppe ist auf dem Tische!", dann sei man sofort in das Esszimmer gegangen und hätte sich dort ohne weiteres an den Tisch gesetzt: „Wenn man Anstalten zum Beten machen wollte, unterbrach er (Kant) sie durch Nötigen zum Sitzen". Von dem neugierigen Hasse in den letzten Monaten seines Lebens befragt, was er sich von einem Dasein nach dem Tode verspräche, erwiderte Kant nach einigem Zögern: „Nichts bestimmtes". Ein andermal: „Davon weiß ich nichts."

Mit der sichtbaren Kirche vermochte Kant wenig, mit ihren Statuten und „Observanzen" (Bräuche, Regeln – M. J.) gar nichts anzufangen. Er hielt es mit seinem geliebten geistigen Gewährsmann Lukrez (96–55 v. u. Z.), der in seinem gewaltigen hymnischen Poem *Vom Wesen des Weltalls* mahnt:

Kein Zeichen von Frömmigkeit ist es,
verschleierten Hauptes
Steinbilder aufzusuchen, an alle Altäre
zu treten,
Sich auf den Boden zu strecken und vor
den Tempeln der Götter
Flehend die Hände zu heben,
das Blut geopferter Tiere
Über Altäre zu sprühen,
Gelübde zu reihen – nein echte
Frömmigkeit heißt, in Frieden
das Weltall betrachten zu können!

Für Kant ist die Geschichte der Religionen und Konfessionen eine Geschichte der menschlichen Erniedrigung und des „knechtischen Götzendienstes". Für ihn gehören die dogmatischen Religionsanhänger verschiedener Epochen und ungeachtet der scheinbaren Unvereinbarkeit ihrer Vorstellungen prinzipiell und „insgesamt zu einer und derselben Klasse, derer nämlich die in dem, was an sich keinen besseren Menschen ausmacht (im Glauben gewisser statuarischer Sätze oder Begehen gewisser willkürlicher Observanzen) ihren Gottesdienst setzen".

Der gleiche Kant, der die Existenz eines weltschaffenden, persönlichen Gottes und seiner kirchlichen Gnadenmittel verwirft und die Hermetik der alten Metaphysik sprengt, baut jedoch, was meist überlesen wird, eine erhabene Gegenwelt des Geistes auf. Kant spricht nämlich in der *Religion innerhalb der Grenzen der bloßen Vernunft* von der *„Gründung eines Reiches Gottes auf Erden".* Am Anfang der Menschheit habe ein gesetzloser Zustand der Anarchie und des Kampfes jeder gegen jeden im Sinne des englischen Philosophen Thomas Hobbes (1588 bis 1679) bestanden, ein *bellum omnium in om-*

nes, ein Krieg aller gegen alle. Dieses sei abgelöst worden durch ein „ethisches gemeines Wesen“, in dem sich alle Individuen einer öffentlichen Gesetzgebung unterworfen hätten. Noch stünde eine vollständige Realisierung dieses „Reich Gottes auf Erden“ an. Kant: „Also kann nur ein solcher als oberster Gesetzgeber eines ethischen gemeinen Wesens gedacht werden, in Ansehung dessen alle wahren Pflichten, mithin auch die ethischen, zugleich als seine Gebote vorgestellt werden müssen… Dieses ist aber der Begriff von Gott als einem moralischen Weltherrscher. Also ist ein ethisches gemeines Wesen nur als ein Volk unter göttlichen Geboten, d.i. als ein Volk Gottes und zwar nach Tugendgesetzen, zu denken möglich.“

Kant entwickelt hier den Begriff der „unsichtbaren Kirche“: „Ein ethisches gemeines Wesen unter der göttlichen moralischen Gesetzgebung ist eine Kirche, welche, sofern sie kein Gegenstand möglicher Erfahrung ist, die unsichtbare Kirche heißt, eine bloße Idee von der Vereinigung aller Rechtschaffenen unter der göttlichen unmittelbaren, aber moralischen Weltregierung, wie sie jeder von Menschen zu stiftenden zum Urbilde dient." Kant erkennt: „Viele Leute haben Theologie und keine Religion."

Der Inhalt der „unsichtbaren Kirche" ist nach Kant die *„Vernunftreligion"*. Kant: „Man kann aber mit Grunde sagen: ‚dass das Reich Gottes zu uns gekommen sei', wenn auch nur das Prinzip des allmählichen Überganges des Kirchenglaubens zur allgemeinen Vernunftreligion und so zu einem (göttlichen) ethischen Staat auf Erden allgemein und irgendwo auch öffentlich Wurzeln gefasst hat."

Wo könnte die neue Vernunftreligion der Aufklärung bereits Wurzeln gefasst haben? Kant war, bei aller Zurückweisung der jakobinischen *terreur*, ein grundsätzlicher und nie zu beirrender Anhänger der Französischen Revolution. Pikanterweise installierten die Revolutionäre anfangs der Neunzigerjahre des 18. Jahrhunderts die „Göttin Vernunft" in der Kirche *Notre Dame*. Kant hoffte auf die Besserung der elenden politischen und geistigen Zustände Deutschlands. Er gab eine optimistische Prognose ab: „Fragt man nun: welche Zeit der ganzen bisher bekannten Kirchengeschichte die beste sei, so trage ich kein Bedenken, zu sagen: es ist die jetzige, und zwar so, dass man den Keim des wahren Religionsglaubens, so wie er jetzt in der Christenheit zwar nur von einigen, aber doch öffentlich gelegt worden, nur ungehindert sich mehr und mehr darf entwickeln lassen."

Kant sollte sich irren. Noch war die Zeit nicht reif. Der größte Denker Deutschlands, der nichts Selbstverständlicheres konstatierte als, „alles, was außer dem gutem Lebenswandel der Mensch noch tun zu können vermeint, um Gott wohlgefällig zu werden, ist bloßer Religionswahn und Afterdienst Gottes", galt der preußischen Obrigkeit als Feind der öffentlichen Ordnung und Machtverhältnisse. Nach dem Tod des in Religionsdingen freigeistigen Friedrich II. war der bigotte Friedrich Wilhelm II. auf den Königsstuhl gekommen. Er hatte Jesusvisionen, fürchtete sich vor Gespenstern und litt unter depressiven Weinanfällen. Das Lager protestantischer und katholischer „Rechtsgläubiger" tobte, Kant versuche, wie es hieß, „die christliche Religion mit teuflischer Bosheit zu untergraben". Den Orthodoxen war der Mann aus Königsberg unheimlich, wenn er befand, „jetzt leben wir nur noch in der unsichtbaren Kirche“, dass „in Religionsdingen die meisten unmündig und immer unter der Leitung von fremder Vernunft sind“. Sie hassten den Idealisten Kant, der sich nicht entmutigen ließ, sondern ankündigte, „im ganzen Weltlos sind tausend Jahre ein Tag. Wir müssen geduldig an diesem Unternehmen arbeiten und warten“.

Der König Friedrich Wilhelm II. schrieb an seinen zuständigen Minister Wöllner (nach einem Wort Friedrich II., ein „intriganter Pfaffe“!): „Mit Kants schädlichen Schriften muss es auch nicht länger fortgehen“. Am 1. Oktober 1794 erging von den Herren Friedrich Wilhelm II. und Wöllner eine „Königliche Kabinettsorder“ an den „lieben, getreuen Kant“, die ihm ein Berufsverbot androhte. Da hieß es: „Unsere höchste Person hat schon seit geraumer Zeit mit großem Missfallen ersehen: wie Ihr Eure Philosophie zur Entstellung und Herabwürdigung mancher Haupt- und Grundlehren der Heiligen Schrift und des Christentums missbraucht; wie Ihr diese namentlich in Eurem Buch: ‚Religion innerhalb der Gränzen der bloßen Vernunft‘, desgleichen in anderen, kleineren Abhandlungen getan habt. Wir haben Uns zu Euch eines Besseren versehen, da Ihr selbst einsehen müsset, wie unverantwortlich Ihr dadurch gegen Eure Pflicht als Lehrer der Jugend und gegen Unsere Euch sehr wohl bekannte landesväterliche Absicht handelt. Wir verlangen des ehesten Eure gewissenhafteste Verantwortung und gewärtigen Uns von Euch bei Vermeidung Unserer höchsten Ungnade, dass Ihr Euch künftig nichts Dergleichen werden zuschulden kommen lassen, sondern vielmehr Euer Ansehen und Eure Talente dazu anwenden, dass Unsere landesväterliche Intension je mehr und mehr erreicht werde; widrigenfalls Ihr Euch bei fortgesetzter Renitenz unfehlbar unangenehmer Verfügungen zu gewärtigen habt."

Kant erwiderte seiner Majestät, seine Religionsschrift könne schon deshalb keine „Abwürdigung" des Christentums enthalten, weil es „eigentlich" nur eine Würdigung der natürlichen Religion oder des „Wesentlichen einer Religion überhaupt" enthalte, welches im Moralisch-Praktischen bestehe. Kant war ebenso vorsichtig wie seine von der religiösen Reaktion verfolgten Vorgänger Spinoza, Hume und Voltaire. Er erklärte, dass er sich fernerhin „aller öffentlichen Vorträge die Religion betreffend, es sei die natürliche oder geoffenbarte, sowohl in Vorlesungen als in Schriften, gänzlich enthalten werde". Kant wusste natürlich, dass er die Amtskirchen und ihre Dogmen scharf kritisiert hatte. Aber er duckte sich nicht wirklich. In einem Nachlasszettel von ihm heißt es: „Widerruf und Verleugnung seiner inneren Überzeugung ist niederträchtig, aber Schweigen in einem Falle, wie der gegenwärtige, ist Untertanenpflicht; und wenn alles, was man sagt, wahr sein muss, so ist darum nicht auch Pflicht, alle Wahrheit öffentlich zu sagen." Kaum war der fettleibige Friedrich Wilhelm II. gestorben und sein Religionsbüttel Wöllner aus dem Dienst entlassen, meldete sich Kant prompt wieder religionskritisch zu Wort.

Kant hat mit seiner Vision von der „Vernunftreligion" und ihrer „unsichtbaren Religion" einen Blick in die Zukunft geworfen. Noch können sich die diversen christlichen Kirchen auf keine Ökumene einigen und Fundamentalisten wie der US-Präsident Bush gehen mit Feuer und Schwert durch die Welt. Aber auch dort sind die

Folgen unreflektierter Religiosität verheerend. Der Philosoph Michael Schmidt-Salomon konstatiert in seinem *Manifest des evolutionären Humanismus* (2005): „Angesichts der infamen Weise, in der ‚Ungläubige' im Koran verunglimpft werden, braucht man sich nicht wundern, mit welch tiefer Verachtung ‚echte Muslime' ihren Glaubensfeinden gegenübertreten. Wie im heiligen Buch Allahs, des unhinterfragbaren Richters über Gut und Böse berichtet wird, wartet auf die Ungläubigen am ‚Jüngsten Tag' nicht bloß das ‚ewige Feuer', sie werden in der Hölle mit ‚Eiterfluss' und ‚Jauche' getränkt, sie erhalten einen ‚Trunk aus siedendem Wasser', das ihnen die ‚Eingeweide zerreißt', werden mit ‚eisernen Keulen' geschlagen, müssen Kleidungsstücke aus flüssigem Kupfer und Teer tragen und vieles mehr … Während Allah den Suizid allgemein untersagt, verheißt er jenen, die sich in Allahs Namen und zur Bekräftigung des Glaubens umbringen, gewaltigen Lohn. Den Kriegern, die im Heiligen Krieg fallen, verspricht er, dass sie als Märtyrer ins Paradies eingehen werden."

Da sei Kant davor. Heinrich Heine würdigt Kants moralisches Gottesbild, das ein historisches Übergangsphänomen darstellt, mit leichtflüssigem Witz: „Kant hat... den Himmel gestürmt, er hat die ganze Besatzung über die Klinge springen lassen, der Oberherr der Welt schwimmt unbewiesen in seinem Blute, es gibt jetzt keine Allbarmherzigkeit mehr, keine Vatergüte, keine jenseitige Belohnung für diesseitige Enthaltsamkeit, die Unsterblichkeit der Seele liegt in den letzten Zügen – das röchelt, das stöhnt – und der alte Lampe steht dabei mit seinem Regenschirm unterm Arm als betrübter Zuschauer, und Angstschweiß und Tränen rinnen ihm vom Gesichte. Da erbarmt sich Immanuel Kant und zeigt, dass er nicht bloß ein großer Philosoph, sondern auch ein guter Mensch ist, und er überlegt und halb gutmütig und halb ironisch spricht er: ‚Der alte Lampe muss einen Gott haben, sonst kann der arme Mensch nicht glücklich sein – der Mensch soll aber auf der Welt glücklich sein – das sagt die praktische Vernunft – meinetwegen – so mag auch die praktische Vernunft die Existenz Gottes verbürgen."

Man kann Kants „Zermalmung" der Metaphysik und seine Religionskritik auch religionsfreundlicher verstehen. Jürgen Habermas betont in seinem früher schon zitierten Aufsatz: „Gegen den Skeptizismus möchte er Glaubensinhalte und Verbindlichkeiten der Religion, die sich innerhalb der Grenzen der bloßen Vernunft rechtfertigen lassen, retten. Die Religions*kritik* verbindet sich mit dem Motiv der *rettenden* Aneignung."

Sei dem, wie es sei – Kant schlittert haarscharf an einem Berufsverbot vorbei. Seinen geistigen Schüler, den Philosophen Johann Gottlieb Fichte, erreicht der Bannstrahl der Obrigkeit. Fichte wird im so genannten Atheismusstreit angeklagt und 1799 aus seiner Professur an der Universität Jena entlassen. Der Grund: Seine Schrift *Versuch einer Kritik einer Offenbarung*, in der er die „lebendige und wirkende moralische Ordnung" als „Selbstgott" bezeichnet. Aber Fichte lässt sich ebenso wenig kleinkriegen wie Kant. Die Zahl der „Vernunftgläubigen" wächst unaufhörlich. Einer von ihnen, Friedrich Schiller, macht die „Vernunftreligion" der „unsichtbaren Kirche" in einem stolzen Gedicht öffentlich:

Aber flüchtet aus der Sinne Schranken
In die Freiheit der Gedanken,
Und die Furchterscheinung ist entfloh'n,
Und der ew'ge Abgrund wird sich füllen;
Nehmt die Gottheit auf in Euren Willen,
Und sie steigt von ihrem Weltenthron;
Des Gesetzes strenge Fessel bindet
Nur den Sklavensinn, der es verschmäht;
Mit des Menschen Widerstand verschwindet
Auch des Gottes Majestät.

Arbeit: Selbstbefreiung aus dem Paradies

Der Schmerz ist der Stachel der Tätigkeit, und in dieser fühlen wir allererst unser Leben; ohne diesen würde Leblosigkeit eintreten.

Kant
Idee zu einer allgemeinen Geschichte in weltbürgerlicher Absicht (1784)

Kant ist ein wohltemperiertes Temperament. Bei aller kritischen Sicht des Menschen und der öffentlichen Verhältnisse, des Religions- und Machtmissbrauchs, bewahrt er sich doch meist eine freundliche Sicht der Dinge. In seinem Nachlass findet sich der Satz: „Ich habe immer darauf gehalten, Tugend und Selbstreligion in fröhlicher Gemütsstimmung zu cultivieren und zu erhalten. Die mürrisch kopfhängende, gleich als unter einem tyrannischen Joch äch-

Der Mensch:

„Die Natur hat den Schmerz zum Stachel der Tätigkeit in ihn gelegt"

Kant

zende carthäusermäßige (mönchsmäßige – M. J.) Befolgung seiner Pflicht ist nicht Achtung, sondern knechtische Furcht und dadurch Hass des Gesetzes."

Kant versteht seine Revolution des Denkens als praktischen Imperativ des Handelns. In der *Kritik der reinen Vernunft* besteht er darauf, dass das Erkenntnissubjekt sich nicht durch die Natur „am Leitbande gängeln lassen" darf. Der Mensch soll zum Souverän der Erkenntnis werden, die Natur durch seine Denktätigkeit erkennen und so den „sicheren Gang einer Wissenschaft" einschlagen: „Unsere Bestimmung ist Tätigkeit". Die zielgerichtete Tätigkeit unterscheidet den Menschen vom Tier. Tätigkeit schafft und ist Kultur. Ihr Begriff leitet sich von dem lateinischen *colere, Ackerbau betreiben*, ab. In mehreren Schriften würdigt Kant die Kultur schaffende Tätigkeit des Menschen und seinen Zwang zur Entwicklung.

In seinem Traktat *Idee zu einer allgemeinen Geschichte in weltbürgerlicher Absicht* – der Titel ist Programm! – befindet Kant: „Alle Naturanlagen eines Geschöpfes sind bestimmt, sich einmal vollständig und zweckmäßig auszuwickeln … Am Menschen (als dem einzigen vernünftigen Geschöpf auf Erden) sollten sich diejenigen Naturanlagen, die auf den Gebrauch seiner Vernunft abgezielt sind, nur in der Gattung, nicht aber im Individuum vollständig entwickeln." Denn ein Mensch allein müsste „unmäßig lange" leben, um alle seine Naturanlagen zu entwickeln. Die Natur bedient sich daher einer „unabsehlichen Reihe von Zeugungen … um endlich ihre Keime in unserer Gattung zu derjenigen Stufe der Entwicklung zu treiben, welche ihrer Absicht vollständig angemessen ist".

Während die Natur das Tier statisch in seinem Überlebenskampf kreisen lässt, hat sie den Menschen und die Menschheit dynamisch angelegt: „Die Natur hat gewollt: dass der Mensch alles, was über die mechanische Anordnung seines tierischen Daseins geht, gänzlich aus sich selbst herausbringe und keiner anderen Glückseligkeit, oder Vollkommenheit, teilhaftig werde, als die er sich selbst, frei von Instinkt, durch eigene Vernunft, verschafft hat." Hier kommt Kant zu einer erstaunlich ungemütlichen Vorstellung, die jeder harmonischen Weltauffassung widerspricht. Geradezu explosiv dialektisch erklärt der Philosoph: „Das Mittel, dessen sich die Natur bedient, die Entwicklung aller ihrer Anlagen zustande zu bringen, ist der Antagonism (der Widerspruch – M.J.) derselben in der Gesellschaft, sofern doch am Ende die Ursache einer gesetzmäßigen Ordnung derselben wird." Kant erläutert: „Ich verstehe hier unter dem Antagonism die ungesellige Geselligkeit der Menschen; d.i. den Hang derselben, in Gesellschaft zu treten … Der Mensch hat eine Neigung, sich zu vergesellschaften; weil er in einem solchen Zustande sich mehr als Mensch, d.i. die Entwicklung seiner Naturanlagen, fühlt. Er hat aber auch einen großen Hang, sich zu vereinzelnen (isolieren); weil er in sich zugleich die ungesellige Eigenschaft antritt, alles bloß nach seinem Sinne richten zu wollen, und daher allerwärts Widerstand erwartet, so wie er von sich selbst weiß, dass er seinerseits zum Widerstande gegen andere geneigt ist."

Gleichsam das Böse, Neidische und Niederträchtige im Menschen ist nach Kant der schmerzhafte Stachel, der ihn antreibt: „Dieser Widerstand ist es nun, welcher alle Kräfte des Menschen erweckt, ihn dahin bringt, seinen Hang zur Faulheit zu überwinden, und, getrieben durch Ehrsucht, Herrschsucht oder Habsucht, sich einen Rang unter seinen Mitgenossen zu verschaffen, die er nicht wohl leiden, von denen er aber auch nicht lassen kann."

Kant unternimmt eine Neudeutung des christlichen Paradiesmythos. Das Paradies war nach Kant nicht eine Insel der Seligen, auch keine antike *aurea aetas, kein goldenes Zeitalter*, sondern ein Wartesaal von Stubenhockern ohne jeden Ehrgeiz. Der Mensch wurde nicht, weil er böse war, aus dem Paradies vertrieben. Er befreite sich selbst durch Arbeit aus dem paradiesischen Lotterleben.

Kant führt dies in einem brillanten längeren Passus aus, der zu schön ist, um ihn zu kürzen. Kant: „Ohne jene, an sich zwar eben nicht liebenswürdige, Eigenschaften der Ungeselligkeit, woraus der Widerstand entspringt, den jeder bei seinen selbstsüchtigen Anmaßungen notwendig antreffen muss, würden in einem arkadischen Schäferleben, bei vollkommener Eintracht, Genügsamkeit und Wechselliebe, alle Talente auf ewig in ihren Keimen verborgen bleiben: die Menschen, gutartig wie die Schafe, die sie weiden, würden ihrem Dasein kaum einen größeren Wert verschaffen, als dieses ihr Hausvieh hat; sie würden das Leere der Schöpfung in Anziehung ihres Zwecks, als vernünftige Natur, nicht aussöhnen."

Kant weiter: „Dank sei also der Natur für die Unvertragsamkeit, für die missgünstig wetteifernde Eitelkeit, für die nicht zu befriedigende Begierde zum Haben, oder auch zum Herrschen! Ohne sie würden alle vortrefflichen Naturanlagen in der Menschheit ewig unentwickelt schlummern. Der Mensch will Eintracht; aber die Natur weiß besser, was für seine Gattung gut ist: sie will Zwietracht. Er will gemächlich und vergnügt leben; die Natur will aber, er soll aus der Lässigkeit und untätigen Genügsamkeit hinaus, sich in Arbeit und Mühseligkeiten stürzen, um dagegen auch Mittel auszufinden, sich wiederum aus den letzteren herauszuziehen."

Kant lässt keinen Zweifel: „Die Natur hat den Schmerz zum Stachel der Tätigkeit in ihn gelegt, dem er nicht entrinnen kann: um immer zum Besseren fortzutreiben." Selbst die Religion steht für Kant unter der Herausforderung der Tätigkeit. Er sagt: „Alles kommt in der Religion aufs Tun an." Nur fortgesetzte Tätigkeit erlaubt es dem Menschen, sich zu vergesellschaften, Städte und Staaten zu gründen. Kant: „Das größte Problem für die Menschengattung, zu dessen Auflösung die Natur ihn zwingt, ist die Erreichung einer allgemein das Recht verwaltenden bürgerlichen Gesellschaft."

Die Menschen können auf Grund ihrer egoistischen Neigungen in wilder Freiheit nicht lange nebeneinander bestehen. Indem sie diese Neigungen bändigen, ihre wechselseitige Freiheit durch Gesetze abstecken und die Macht zur Sicherheitsverwahrung an einen „Herrn" delegieren, schaffen sie eine geordnete Zivilisation: „Allein in einem solchen Gehege, als bürgerliche Vereinigung ist, tun eben dieselben Neigungen hernach die beste Wirkung: so wie Bäume in einem Walde eben dadurch, dass ein jeder dem andern Luft und Sonne zu benehmen sucht, einander nötigen, beides über sich zu suchen, und dadurch einen schönen graden Wuchs bekommen; statt dass die, welche in Freiheit und voneinander abgesondert ihre Äste nach Wohlgefallen treiben, krüppelig, schief und krumm wachsen. Alle Kultur und Kunst, welche die Menschheit zieret, die schönste gesellschaftliche Ordnung, sind Früchte der Ungeselligkeit, die durch sich selbst genötigt wird, sich zu disziplinieren, und so, durch abgedrungene Kunst, die Keime der Natur vollständig zu entwickeln."

Nach Kant ist die Kultur ein unendlicher und nie zu beendender Progress zwischen Trägheit und Tätigkeit: „Aus so krummen Holze, als woraus der Mensch gemacht ist, kann nichts ganz Gerades gezimmert werden. Nur die Annäherung zu dieser Idee ist uns von der Natur auferlegt."

Selbst die Verbindung von Staaten, ein friedlicher Völkerbund (wie z. B. die Europäische Union heute) ist in diesem Sinn ein Mittel, den „Antagonism", die gewalttätigen Widersprüche zwischen den Staaten und ihre Kriegstreiberei, zu beenden. Kant: „Die Natur hat also die Unvertragsamkeit der Menschen, selbst der großen Gesellschaften und Staatskörper … wieder zu einem Mittel gebraucht, um in dem unvermeintlichen Antagonism derselben einen Zustand der Ruhe und Sicherheit auszufinden ...: Aus dem gesetzlosen Zustand der Wilden hinauszugehen, und in einen Völkerbund zu treten; wo jeder, auch der kleinste, Staat seine Sicherheit und Rechte, nicht von eigener Macht oder eigener rechtlicher Beurteilung, sondern allein von diesem großen Völkerbunde ..., von einer vereinigten Macht, und von der Entscheidung nach Gesetzen des vereinigten Willens, erwarten könnte."

Auch in seiner Schrift *Mutmaßlicher Anfang der Menschengeschichte* (1786) betont Kant die Kriterien der Vernunft und Tätigkeit als die entscheidenden Entwicklungsfähigkeiten des Menschen: „Allein der Erfolg des ersten Versuchs, nämlich sich seiner Vernunft als eines Vermögens bewusst zu werden, da es sich über die Schranken, worin alle Tiere gehalten werden, erweitern kann, war sehr wichtig und für die Lebensart entscheidend ... Er entdeckte in sich ein Vermögen, sich selbst eine Lebensweise auszuwählen, und nicht gleich anderen Tieren an eine einzige gebunden zu sein." Erst einmal

„vernünftig“ und „tätig geworden“, stand der Mensch nach Kant gleichsam am Rande eines Abgrundes, „denn aus einzelnen Gegenständen seiner Begierde, die ihm bisher der Instinkt angewiesen hatte, war ihm eine Unendlichkeit derselben eröffnet.“

Die Vernunft und das zielgerichtete Handeln löste das Reflektionsschema der Instinkte ab. Der Mensch entdeckte den „Reiz des Geschlechts“, die Liebe, und die moralische Verfeinerung: „Die Sittsamkeit eine Neigung, durch guten Anstand … andern Achtung gegen uns einzuflößen, als die eigentliche Grundlage aller wahren Geselligkeit, gab überdem den ersten Wink zur Ausbildung des Menschen, als eines sittlichen Geschöpfs.“ Vor allem aber erwarb sich der Mensch die Fähigkeit, die Zukunft zu sehen und zu planen. Er empfand sich selbst als den „Zweck der Natur“ und überwand sie damit.

Das Resultat stellt nach Kant für die Menschheit einen revolutionären Befreiungsschlag dar: „Und so war der Mensch in Gleichheit mit allen vernünftigen Wesen, von welchem Range sie auch sein mögen, getreten: nämlich, in Ansehung des Anspruchs, Selbstzweck zu sein, von jedem anderen auch als ein solcher geschätzt, und von keinem bloß als Mittel zu anderen Zwecken gebraucht zu werden … Dieser Schritt ist daher zugleich mit Entlassung desselben aus dem Mutterschoße der Natur verbunden."

Der Mensch hat damit nicht das Paradies (als ein biblischer Sünder) hinter sich, sondern vor sich: „Künftig wird ihm die Mühseligkeit des Lebens öfter den Wunsch nach einem Paradiese, dem Geschöpfe seiner Einbildungskraft, wo er in ruhiger Untätigkeit und beständigem Frieden sein Dasein verträumen oder vertändeln könne, ablocken. Aber es lagert sich zwischen ihm und jenem eingebildeten Sitz der Wonne die rastlose und zur Entwicklung der in ihm gelegten Fähigkeiten unwiderstehlich treibende Vernunft, und erlaubt es nicht, in den Stand der Ruhigkeit und Einfalt zurückzukehren, aus dem sie ihn gezogen hatte."

Man liest diese Sätze mit Vergnügen. Aus Kants Darstellung der ersten Menschengeschichte ergibt sich, „dass der Ausgang des Menschen aus dem, ihm durch die Vernunft, als erster Aufenthalt seiner Gattung vorgestellten, Paradiese, nicht anders, als der Übergang aus der Ruhigkeit eines bloß tierischen Geschöpfes in die Menschheit, aus dem Gängelwagen des Instinkts zur Leitung der Vernunft, mit einem Worte: aus der Vormundschaft der Natur in den Stand der Freiheit gewesen sei. Ob der Mensch durch diese Veränderung gewonnen oder verloren habe, kann nun nicht mehr die Frage sein, wenn man auf die Bestimmung seiner Gattung sieht, die nichts als im Fortschreiten zur Vollkommenheit besteht. So fehlerhaft auch die ... Versuche, zu diesem Ziele durchzudringen, ausfallen mögen."

Natürlich sehen wir nach den Gräueln der modernen Geschichte die *conditio humana, die Bedingungen des Menschlichen*, abgründiger. Kant selbst spart, wie immer, das Böse in der Entwicklung der Menschheit nicht aus. Von der vernünftig-tätigen Anlage des Erdenbürgers konnte sich nach Kant „nach und nach eine menschliche Kunst, unter welche die der Geselligkeit und bürgerlichen Sicherheit die ersprießlichste ist, allmählich entwickeln, das menschliche Geschlecht sich vermehren, und aus einem Mittelpunkte, wie Bienenstöcke, durch Aussendung schon gebildeter Kolonisten überall verbreiten. Mit dieser Epoche fing auch die Ungleichheit unter Menschen, diese reiche Quelle so vieles Bösen, aber auch alles Guten an, und nahm ferner hinzu."

Kant betont daher immer wieder die Notwendigkeit der Versittlichung des Menschen durch aktive Vernunft. In seiner 1798 veröffentlichten *Anthropologie in pragmatischer Hinsicht* charakterisiert der Philosoph die Bestimmung des Menschen und die Charakteristik seiner Ausbildung so: „Der Mensch ist durch seine Vernunft bestimmt, in einer Gesellschaft mit Menschen zu sein, und in ihr sich durch Kunst und Wissenschaften zu kultivieren, zu zivilisieren und zu moralisieren; wie groß auch sein tierischer Hang sein mag, sich den Anreizen der Gemächlichkeit und des Wohllebens, die er Glückseligkeit nennt, passiv zu überlassen, sondern vielmehr tätig, im Kampf mit den Hindernissen, die ihm von der Ruhigkeit seiner Natur anhängen, sich der Menschheit würdig zu machen. Der Mensch muss also zum Guten erzogen werden."

Wie sehr Kant das Prinzip Hoffnung in den tätigen Menschen, den *homo faber*, setzt, das enthüllt der russische Kant-Forscher Arsenij Gulyga in seinem Buch *Immanuel Kant* (1981). Er zitiert aus einem dreistündigen Gespräch Kants mit einem russischen Landsmann. Kant führte dort aus: „Unsere Bestimmung ist Tätigkeit. Der Mensch ist niemals ganz mit dem zufrieden, was er besitzt, und strebt immer nach etwas anderem. Der Tod trifft uns noch auf dem Wege nach dem Ziele unserer Wünsche. Man gebe dem Menschen alles, wonach er sich sehnt, und in demselben Augenblicke, da er es erlangt, wird er empfinden, dass dieses Alles nicht alles sei. Da wir nun hier kein Ziel und Ende unseres Strebens sehen, so nehmen wir eine Zukunft an, wo sich der Knoten lösen muss; und dieser Gedanke ist dem Menschen um so angenehmer, je weniger Verhältnis hienieden, zwischen Freude und Schmerz, zwischen Genüssen und Entbehrungen, stattfindet."

Es verwundert daher nicht, dass Kant, der Philosoph der Tätigkeit, nicht nur mit dem geschichtlichen Entwicklungsgang im allgemeinen, sondern mit der revolutionären Selbstwerdung ganzer Völker und Klassen im konkreten sympathisiert. Kant bleibt, im Gegensatz zu den meisten Bildungsbürgern seiner Zeit, gleichsam durch dick und dünn, ein Anhänger der Französischen Revolution. Auch wenn er die Guillotinierung des französischen König Ludwig XVI. missbilligt, verteidigt er doch das Recht auf – gewaltsame – gesellschaftliche Veränderung im Krisenfalle. In seinem letzten vollendeten Werk, im *Streit der Fakultäten* (1798), legt der vierundsiebzigjährige Gelehrte ein Bekenntnis zur Französischen Revolution und zum Fortschritt der Menschheit ab, das im damaligen Preußen eine kühne Mutprobe darstellt. Ich darf hier noch einmal ausführlich zitieren:

„Die Revolution eines geistreichen Volks, die wir in unseren Tagen haben vor sich gehen sehen, mag gelingen oder scheitern; sie mag mit Elend und Gräueltaten dermaßen angefüllt sein, dass ein wohldenkender Mensch sie, wenn er sie, zum zweiten Male unternehmend, glücklich auszuführen hoffen könnte, doch das Experiment auf solche Kosten zu machen, nie beschließen würde – diese Revolution, sage ich, findet doch in den Gemütern aller Zuschauer (die nicht selbst in diesem Spiele mitverwickelt sind) eine Teilnehmung dem Wunsche nach, die nahe an Enthusiasm grenzt und deren Äußerung selbst mit Gefahr verbunden war, die also keine andere als eine moralische Anlage im Menschengeschlecht zur Ursache haben kann.

Die moralisch einfließende Ursache ist zwiefach: Erstens die des Rechts, das ein Volk von anderen Mächten nicht gehindert werden müsse, sich eine bürgerliche Verfassung zu geben, wie sie ihm selbst gut zu sein dünkt; zweitens die des Zwecks (der zugleich Pflicht ist), dass diejenige Verfassung eines Volks allein an sich rechtlich und moralisch gut sei, welche ihrer Natur nach so beschaffen ist, den Angriffskrieg nach Grundsätzen zu meiden, welche keine andere, als die republikanische Verfassung, wenigstens der Idee nach, sein kann, mithin in die Bedingung einzutreten, wodurch der Krieg (der Quell aller Übel und Verderbnis der Sitten) abgehalten, und so dem Menschengeschlechte, bei all seiner Gebrechlichkeit, der Fortschritt zum Besseren negativ gesichert wird, im Fortschreiten wenigstens nicht gestört zu werden."

Hier, bei Kant, scheiden sich ein für allemal die neue säkulare und die alte kirchliche Weltauffassung. Noch im Jahre 2007 behauptet der frühere Dogmatikprofessor Joseph Ratzinger als Papst in seiner Enzyklika (Rundschreiben – M.J.) *Spe salvi facti sumus, Auf Hoffnung hin sind wir gerettet*: „Eine Welt, die sich selbst Gerechtigkeit schaffen muss, ist eine Welt ohne Hoffnung … Niemand und nichts bürgt dafür, dass nicht weiter der Zynismus der Macht, unter welchen ideologischen Verbrämungen auch immer, die Welt beherrscht." Und: „Ich bin überzeugt, dass die Frage der Gerechtigkeit das eigentliche, jedenfalls das stärkste Argument für den Glauben an das ewige Leben ist … Nur Gott kann Gerechtigkeit schaffen … Gott ist Gerechtigkeit und schafft Gerechtigkeit."

Kant sieht dagegen die Sache der Gerechtigkeit und Hoffnung als immer wieder neu zu leistende Aufgabe und Herausforderung des irdischen Menschen und der Menschheit im Hier und Jetzt. Der moderne Mensch ist in diesem Sinn ein Erbe der aufklärerischen hellenistischen und römisch stoischen Philosophie, auch wenn er bei diesem schwierigen geschichtlichen Gang immer wieder stolpern und in Krieg und Gräuel versagen wird. Eine Alternative dazu gibt es nicht. Reinhard Brandt würdigt dieses diesseitige „Prinzip Hoffnung" (in: *Die Bestimmung des Menschen bei Kant*) so: „Die hellenistische Philosophie stellte die Theorie in den Dienst praktischer Interessen; eben dies tut Kant ab der Mitte der siebziger Jahre, die praktische Vernunft erhält jetzt den Primat (die Vorrangstellung – M.J.) gegenüber der theoretischen. Ein Nachbeben dieses Primats ist das Marxsche Diktum, die Philosophen hätten die Welt verschieden interpretiert, es komme darauf an, sie zu verändern. Bei Kant kommt es darauf an, nicht die Welt, sondern die Moral und das Recht der einzelnen Menschen und der Menschheit zu verändern."

Als ein Denker des *Antagonism* sieht der Dialektiker Kant das Gute und das Böse im Menschen wie in der Gesellschaft im ständigen Widerstreit. Das ist eine realistische Sicht und nicht das nervtötende kleinbürgerliche Gejammere von der „schmutzigen Politik" und den „Idioten da oben". Es ist die Sichtweise der zu Kants Zeiten auf deutschem Boden noch nicht realisierten

Demokratie, die Engagement, Partizipation und zivilen Ungehorsam verlangt.

Der amerikanische Philosoph John Rawls fasst in seinem Standardwerk *Die Geschichte der Moralphilosophie. Hume – Leibniz – Kant – Hegel* (2002) zusammen: „Im 18. Jahrhundert war es so weit, dass viele führende Autoren hofften, eine von der kirchlichen Autorität unabhängige und im normalen, vernünftigen, gewissenhaften Menschen verfügbare Basis der moralischen Erkenntnis zu begründen." Und: „Hume und Kant… glauben, dass die moralische Ordnung… aus der menschlichen Natur selbst und aus den Erfordernissen unseres gesellschaftlichen Zusammenlebens hervorgeht. Außerdem glauben sie, dass das Wissen oder Bewusstsein von der Art und Weise des gebotenen Handelns jeder in normalem Maß vernünftigen und gewissenhaften Person unmittelbar zugänglich ist. Und schließlich glauben sie, dass wir so veranlagt sind, dass wir von Natur aus genügend Motive haben, die uns zum gebotenen Handeln führen, ohne dass äußere Sanktionen notwendig wären, jedenfalls keine Sanktionen in der Form von Belohnungen oder Strafen, die von

Gott oder dem Staat gespendet oder verhängt werden."

Kant hätte dem Romancier und Humanisten Georges Simenon zugestimmt, der (in *Meine tiefe Überzeugung, Das Simenonlesebuch,* 1982) den Menschen und sein unermüdliches Streben so würdigt: „Mein Erstaunen, meine Zärtlichkeit wächst gegenüber diesem ungeschützten Tier, das nicht weiß, was es ist, woher es kommt, wohin es geht, und das sich dennoch seit unausdenklichen Zeiten harte Lebensregeln auferlegt hat. Ist es nicht erstaunlich, dass diese Regeln, die oft seinem Instinkt und seinem Interesse zuwiderlaufen, von ihm die meiste Zeit befolgt werden? Und noch erstaunlicher, dass es an Gewissensbissen leidet, wenn es sie verletzt? Man spricht sehr viel von Kriminalität, von Auflösung der Sitten. Mir hingegen erscheint es fast unglaublich, dass der Verbrecher die Ausnahme bleibt, dass die Gesetze in solchem Ausmaß befolgt werden und dass der Schuldige die Strafe, die ihm seinesgleichen zumisst, meist ohne Empörung und Bitterkeit annimmt. (…)

Hunderte Millionen von Menschen, Milliarden auf der Erdoberfläche, kommen und gehen, an kümmerliche Tätigkeiten angeschirrt, und man könnte sagen, dass sie nicht für eine gefährdete Gegenwart arbeiten, sondern dass sie seit den Zeiten von vor dem Neandertaler und vor dem Cro-Magnon sich darauf kaprizieren, allmählich ein Wesen zu schaffen, das wir noch nicht kennen, so verschieden von uns, wie wir selber es von unseren fernsten Ahnen sind. Meine tiefe Überzeugung – nunmehr erschrecke ich weniger vor diesem Wort – ist, dass jedes Wesen während seines kurzen Lebens tapfer an dem mitarbeitet, was sein wird. Die Freuden, die Schmerzen, die Reue – unterschiedliche Wörter für das gleiche, für dieses unerklärliche und ergreifende Bedürfnis, Neues zu schaffen."

Kant hat die Arbeit und Tätigkeit geliebt. Er bekennt: „Das Ausfüllen der Zeit durch planmäßig fortschreitende Beschäftigungen, die einen großen beabsichtigten Zweck zur Folge haben … ist das einzige sichere Mittel, seines Lebens froh und dabei doch auch lebenssatt zu werden." Mehr noch: „Wer nicht arbeitet, verschmachtet vor Langerweile und ist allenfalls von Ergötzlichkeit betäubt und erschöpft, niemals aber erquickt und befriedigt."

„Arbeit hat bittere Wurzeln, aber süße Frucht", sagt ein deutsches Sprichwort. Nach Kant ist der Mensch „das einzige Tier, das arbeiten muss". Das ist sein Fluch. Das ist sein Segen.

Projekt Aufklärung: Das reine Gold des Denkens

Vor nichts sollten wir uns mehr in acht nehmen, als davor, wie Schafe der Herde hinterher zu trotten und dabei nicht die Richtung einzuschlagen, in die man gehen müsste, sondern die, in die man geht.

Seneca (4 v. Chr. – 65. n. Chr.)

*

Der Mensch ist frei geboren und überall liegt er in Ketten.

Rousseau
Über die Ungleichheit des Eigentums
(1754)

„Durch keine Ursache in der Welt
kann der Mensch aufhören,
ein frei handelndes Wesen zu sein."
Kant

Gotthold Ephraim Lessing (1729–1781) schreibt (in *Eine Duplik*: „Nicht die Wahrheit, in deren Besitz irgendein Mensch ist, oder zu sein vermeinet, sondern die aufrichtige Mühe, die er angewandt hat, hinter die Wahrheit zu kommen, macht den Wert des Menschen. Denn nicht durch den Besitz, sondern durch die Nachforschung der Wahrheit erweitern sich seine Kräfte, worin allein seine immer wachsende Vollkommenheit bestehet. Der Besitz macht ruhig, träge, stolz." Das ist kantisch gedacht. Das ist Aufklärung. Aufklärung ist ja eher ein meteorologischer Begriff. Der Himmel klärt auf, Dämmerung oder Nebel verschwinden. Es ist kein statischer Zustand, sondern ein Prozess. In diesem Sinn fragt Kant in seiner wohl berühmtesten Schrift *Beantwortung der Frage: Was ist Aufklärung?* am 5. Dezember 1784 in der *Berlinischen Monatsschrift*: „Leben wir jetzt in einem aufgeklärten Zeitalter?". Er gibt sich selbst die Auskunft: „Nein, aber wohl in einem Zeitalter der Aufklärung".

Wie kommt es zu dieser Veröffentlichung? Der Anlass ist eine Kontroverse der vielgelesenen *Berlinischen Monatsschrift* im Jahr 1783. In der

September-Ausgabe plädiert ein anonymer fortschrittlicher Autor für die Zivilehe. Der Berliner evangelische Pfarrer Johann Friedrich Zöllner (1753–1804) verteidigt daraufhin in der Dezember-Nummer die kirchliche Eheschließung als staatstragend. Der konservative Theologe giftet gegen die vermeintliche Verwirrung, die „unter dem Namen der Aufklärung" die Herzen und Köpfe der Menschen infiziere. Zöllner wirft in einer Fußnote die provozierende Frage auf: „Was ist Aufklärung? Diese Frage, die beinahe so wichtig ist, als: was ist Wahrheit? sollte doch wohl beantwortet werden, ehe man aufzuklären anfinge! Und doch habe ich sie nirgends beantwortet gefunden!"

Als Erstes meldet sich der Aufklärer Moses Mendelssohn (1729–1786) in der *Berlinischen Monatsschrift* vom September 1784 unter der Überschrift *Über die Frage: was heißt aufklären?* Er führt aus: „Unglückselig ist der Staat, der sich gestehen muss, dass in ihm die wesentliche Bestimmung des Menschen mit der wesentlichen des Bürgers nicht harmonieren, dass die Aufklärung, die der Menschheit unentbehrlich ist, sich nicht über alle Stände des Reichs ausbreiten könne, ohne dass die Verfassung in Gefahr sei, zugrunde zu gehen. Hier lege die Philosophie die Hand auf den Mund!" Und: „Missbrauch der Aufklärung schwächt das moralische Gefühl, führt zu Hartsinn, Egoismus, Irreligion und Anarchie."

Christoph Martin Wieland (1733–1813), ein heute noch anmutig zu lesender „Bestsellerautor" der Aufklärung, beantwortet in der von ihm herausgegebenen Zeitschrift *Teutscher Merkur* sechs Fragen zur Aufklärung. Der wortgewaltige kritische Publizist bekräftigt unter anderem: „Niemand kann etwas dabei zu befürchten haben, wenn es heller in den Köpfen der Menschen wird – als diejenigen, deren Interesse es ist, dass es dunkel darin sei und bleibe, und auf die Sicherheit dieser letzteren wird doch wohl bei der Beantwortung der Frage keine Rücksicht genommen werden sollen? Wahrlich, wir können ihrentwegen ganz ruhig sein; sie werden schon selbst für ihre Sicherheit sorgen. Sie werden auch künftig, wie bisher, ihr möglichtest tun, alle Öffnungen, Fenster und Ritzen, wodurch Licht in die Welt kommen kann, zu verbauen, zu vernageln und zuzustopfen; werden nicht ermangeln, uns andern, die wir uns zu unserm und anderer Leute notdürftigem Gebrauch mit etwas Licht versehen, die Laternen zu zerschlagen, sobald sie die stärkeren sind, und, wo sie das nicht sind, alle nur ersinnliche Mittel anwenden, die Aufklärung wenigstens in ein böses Geschrei zu bringen."

Zuversichtlich formuliert Wieland ein Programm der Toleranz: „So wird es wohl dabei bleiben müssen, dass jedermann – von Sokrates oder Kant bis zum obskursten aller übernatürlich erleuchteten Schneider und Schuster, ohne Ausnahme, berechtigt ist, die Menschheit aufzuklären, wie er kann, sobald ihn sein guter oder sein böser Geist dazu treibt. Man mag die Sache betrachten, von welcher Seite man will, so wird sich finden, dass die menschliche Gesellschaft bei dieser Freiheit unendlichmal weniger gefährdet ist, als wenn die Beleuchtung der Köpfe und des Tuns und Lassens der Menschen als Monopol oder ausschließliche Innungssache behandelt wird."

Der Diskurs über die Aufklärung, an der sich die besten Geister Deutschlands beteiligen, zieht sich über ein Jahrzehnt hin. Noch 1795 rühmt Friedrich Schiller in seinen Briefen *Über die ästhetische Erziehung des Menschen*: „Das Zeitalter ist aufgeklärt, das heißt, die Kenntnisse sind gefunden und öffentlich preisgegeben, welche hinreichen würden, wenigstens unsere praktischen Grundsätze zu berichtigen; der Geist der freien Untersuchung hat die Wahnbegriffe zerstreut, welche lange Zeit den Zugang zu der Wahrheit verwehrten, und den Grund unterwühlt, auf welchem Fanatismus und Betrug ihren Thron erbauten."

Schiller warnt zugleich: „Der zahlreichere Teil der Menschen wird durch den Kampf mit der Not viel zu sehr ermüdet und abgespannt, als dass er sich zu einem neuen und härtern Kampf mit dem Irrtum aufraffen sollte. Zufrieden, wenn er selbst der sauren Mühe des Denkens entgeht, lässt er andere gern über seine Begriffe die Vormundschaft führen, und geschieht es, dass sich höhere Bedürfnisse in ihm regen, so ergreift er mit durstigem Glauben die Formen, welche der Staat oder das Priestertum für diesen Fall in Bereitschaft halten." Schiller betont aber auch die Welt der Gefühle als den Keilriemen der Aufklärung: „Nicht genug also, dass alle Aufklärung des Verstandes nur insoferne Achtung verdient, als sie auf den Charakter zurückfließt; sie geht auch gewissermaßen von dem Charakter aus, weil der Weg zu dem Kopf durch das Herz muss geöffnet werden."

Das sind starke Worte. Nietzsche sagt (in *Götzendämmerung*): „Ich verstehe den Philosophen als einen furchtbaren Explosionsstoff." Er müsse mit „dem Hammer philosophieren". Genau das tut der sonst so vorsichtig und oft kanzleirätlich formulierende Kant in seinem Aufsatz „Was ist Aufklärung?". Er erscheint im Dezember 1784 in der *Berlinischen Monatsschrift*. Kant wählt bewusst dieses öffentliche Forum. Er will das ganze geistige Deutschland erreichen. Im Unterschied zu seinen Universitätskollegen und tonangebenden deutschen Aufklärern wie Christian Tomasius (1655–1728), Christian Wolff (1669–1754) oder Hermann Samuel Reimarus (1694–1788), die mit ihren pedantischen Begriffskonstruktionen Langeweile verbreiten, setzt er gleich im ersten Absatz seiner Streitschrift fortissimo ein: „Aufklärung ist der Ausgang des Menschen aus seiner selbst verschuldeten Unmündigkeit. Unmündigkeit ist das Unvermögen, sich seines Verstandes ohne Leitung eines anderen zu bedienen. *Selbstverschuldet* ist diese Unmündigkeit, wenn die Ursache derselben nicht am Mangel des Verstandes, sondern der Entschließung und des Mutes liegt, sich seiner ohne Leitung eines anderen zu bedienen. Sapere aude! Habe Mut, dich deines eigenen Verstandes zu bedienen! ist also der Wahlspruch der Aufklärung."

Nach Kant sind Leid und Feigheit die Ursachen, warum die meisten Menschen denn auch gerne zeitlebens unmündig bleiben und sich geistiger Vormundschaft unterwerfen. Der Realist diagnostiziert: „Es ist so bequem, unmündig zu sein. Habe ich ein Buch, das für mich Verstand hat, einen Seelsorger, der für mich Gewissen hat, einen Arzt, der für mich die Diät beurteilt, usw.: so brauche ich mich ja nicht selbst zu bemühen. Ich habe nicht nötig zu denken, wenn ich nur bezahlen kann; andere werden das verdrießliche Geschäft schon für mich übernehmen."

Mit ätzender Schärfe beleuchtet Kant die Dialektik der Dummheit: „Dass der bei weitem größte Teil der Menschen (darunter das ganze schöne Geschlecht) den Schritt zur Mündigkeit, außer dem, dass er beschwerlich ist, auch für sehr gefährlich halte: dafür sorgen schon jene Vormünder, die die Oberaufsicht über sie gütigst auf sich genommen haben. Nachdem sie ihr Hausvieh zunächst dumm gemacht haben und sorgfältig verhüteten, dass diese ruhigen Geschöpfe ja keinen Schritt außer dem Gängelwagen, darin sie sie einsperreten, wagen durften: so zeigen sie ihnen nachher die Gefahr, die ihnen drohet, wenn sie es versuchen, allein zu gehen. Nun ist diese Gefahr zwar ebenso groß nicht, denn sie würden durch einige Mal fallen endlich gehen lernen; allein ein Beispiel von der Art macht doch schüchtern, und schreckt gemeiniglich von allen ferneren Versuchen ab."

Für den Menschen ist es nach Kant schwer, sich aus diesem trägen Sumpf zu befreien. Er ist ihm eine Art zweite Natur geworden. Religiöse und politische Satzungen und Formen erweisen sich als die „Fußschellen einer immerwährenden Unmündigkeit".

Ist die Situation also hoffnungslos? Nein, erwidert Kant: „Dass aber ein Publikum sich selbst aufkläre, ist eher möglich; ja es ist, wenn man ihm nur Freiheit lässt, beinahe unausbleiblich. Denn da werden sich immer einige Selbstdenkende, sogar unter den eingesetzten Vormündern des großen Haufens, finden, welche, nachdem sie das Joch der Unmündigkeit selbst abgeworfen haben, dem Geist einer vernünftigen Schätzung des eigenen Werts und des Berufs jedes Menschen, selbst zu denken, um sich verbreiten werden ... Zu dieser Aufklärung aber wird nichts erfordert, als Freiheit; und zwar die Unschädlichste unter allem, was nur Freiheit heißen mag, nämlich die: von seiner Vernunft in allen Stücken öffentlichen Gebrauch zu machen."

Man vergesse nicht, Kant schreibt diese Zeilen zu einem Zeitpunkt, an dem Bücher und Zeitschriften von den Behörden zensiert werden. Aufklärung findet nach Kant nicht im stillen Kämmerlein statt. Sie ist ein öffentliches Anliegen. Der aufrechte Gang muss erlaubt sein und gefördert werden: „Ich antworte: der öffentliche Gebrauch seiner Vernunft muss jederzeit frei sein und der allein kann Aufklärung unter Menschen zustande bringen." Ob es ein Offizier, ein Geistlicher, ein angestellter Lehrer oder irgendein anderer Bürger ist, er hat in seinem Zivilberuf Pflichten zu erfüllen. Als Mitglied der „Weltbürgergesellschaft" (Kant) hat er jedoch auch das Recht, ja die Pflicht, seine Wahrheit dem Publikum mitzuteilen.

Kant exemplifiziert dies am Beispiel eines Geistlichen: „Was er zur Folge seines Amts, als Geschäftsträger der Kirche, lehrt, das stellt er als etwas vor, in Ansehung dessen er nicht freie Gewalt hat, nach eigenem Gutdünken zu lehren, sondern dass er nach Vorschrift und im Namen eines anderen vorzutragen angestellt ist. Er wird sagen: unsere Kirche lehrt dieses oder jenes; das sind die Beweisgründe, deren sie sich bedient … Dagegen als Gelehrter, der durch Schriften zum eigentlichen Publikum, nämlich der Welt, spricht, mithin der Geistliche im öffentlichen Gebrauche seiner Vernunft, genießt einer uneingeschränkten Freiheit, sich seiner eigenen Vernunft zu bedienen und in seiner eigenen Person zu sprechen. Denn dass die Vormünder des Volks (in geistlichen Dingen) selbst wieder unmündig sein sollen, ist eine Ungereimtheit, die auf Verewigung der Ungereimtheiten hinausläuft."

Bürger und Staaten dürfen sich nach Kant keine Denkverbote setzen: „Ein Zeitalter kann sich nicht verbünden und darauf verschwören, das Folgende in einen Zustand zu setzen, darin es ihm unmöglich werden muss, seine … Erkenntnisse zu erweitern, von Irrtümern zu reinigen und überhaupt in der Aufklärung weiter zu schreiten. Das wäre ein Verbrechen wider die menschliche Natur, deren ursprüngliche Bestimmung gerade in diesem Fortschreiten besteht." Nach Kant liegt der Probierstein alles dessen, was über ein Volk als Gesetz beschlossen werden kann, in der Frage, „ob sein Volk sich selbst wohl ein solches Gesetz auferlegen könnte?"

Wieder geißelt Kant das, was er in anderen Zusammenhängen die „Pfaffenherrschaft" nennt: „Aber auf eine … von niemandem öffentlich zu bezweifelnde Religionsverfassung, auch nur binnen der Lebensdauer eines Menschen sich zu einigen und dadurch einen Zeitraum in dem Fortgange der Menschheit zur Verbesserung gleichsam zu vernichten ... ist schlechterdings unerlaubt. Ein Mensch kann zwar für seine Person ... die Aufklärung aufschieben; aber auf sie Verzicht zu tun, es sei für seine Person, mehr aber noch für die Nachkommenschaft, heißt die heiligen Rechte der Menschheit verletzen und mit Füßen treten. Was aber nicht einmal ein Volk über sich selbst beschließen darf, das darf noch weniger ein Monarch über das Volk beschließen; denn sein gesetzgebendes Ansehen beruht eben darauf, dass er den gesamten Volkswillen in dem seinigen vereinigt."

Mit scharfen Worten redet Kant dem König und all den Duodezfürsten (abfälllig für die Herrscher von Zwergstaaten – M. J.) der deutschen Kleinstaaterei ins Gewissen: „Wenn er (der Souverän – M. J.) nur darauf sieht, dass alle wahre oder vermeinte Besserung mit der bürgerlichen Ordnung zusammen bestehe: so kann er seine Untertanen übrigens nur selbst machen lassen, was sie um ihres Seelenheils Willen zu tun nötig werden; das geht ihn nichts an, wohl aber zu verhüten, dass nicht einer den andern gewalttätig hindere, an der Bestimmung und Beförderung desselben nach allem seinem Vermögen zu arbeiten. Er tut selbst seiner Majestät Abbruch, wenn er sich hierin mischt, indem er die Schriften, wodurch seine Untertanen ihre Einsichten ins Reine zu bringen suchen, seiner Regierungsaufsicht würdigt, sowohl wenn er dieses aus eigener höchster Einsicht tut…, als auch und noch weit mehr, wenn er seine oberste Gewalt so weit erniedrigt, den geistlichen Despotismus einiger Tyrannen in seinem Staate gegen seine übrigen Untertanen zu unterstützen."

Kant sieht in der Aufklärung über den Missbrauch der Religion den archimedischen Hebel zur Veränderung der Verhältnisse. Er sagt: „Dass die Menschen, wie die Sachen jetzt stehen, im Ganzen genommen, schon imstande wären oder darin auch nur gesetzt werden könnten, in Religionsdingen sich ihres eigenen Verstandes ohne Leitung eines andern sicher und gut zu bedienen, darin fehlt noch sehr viel. Allein, dass jetzt ihnen doch das Feld geöffnet wird, sich darin frei zu bearbeiten, und die Hindernisse der allgemeinen Aufklärung oder des Ausganges aus ihrer selbstverschuldeten Unmündigkeit, allmählich weniger werden, davon haben wir doch deutliche Anzeigen (Anzeichen – M.J.).

In diesem Betracht ist dieses Zeitalter das Zeitalter der Aufklärung, oder das Jahrhundert Friederichs."

Den nachfolgenden reaktionären Königen hält Kant die Toleranz und den Weitblick des von ihm geschätzten Friedrich II. entgegen: „Ein Fürst, der es seiner nicht unwürdig findet zu sagen: dass er es für Pflicht halte, in Religionsdingen den Menschen nichts vorzuschreiben, sondern ihnen darin volle Freiheit zu lassen, der … ist selbst aufgeklärt, und verdient von der dankbaren Welt und Nachwelt als derjenige gepriesen zu werden, der zuerst das menschliche Geschlecht der Unmündigkeit, wenigstens von seiten der Regierung, entschlug, und jedem freiließ, sich in allem, was Gewissensangelegenheit ist, seiner eigenen Vernunft zu bedienen."

Die Aufklärung ist für Kant, salopp gesprochen, ein Selbstläufer und letztendlich nicht zu stoppen: „Die Menschen arbeiten sich von selbst nach und nach aus der Rohigkeit heraus, wenn man nur nicht absichtlich künstelt, um sie darin zu erhalten." Kant setzt den Hauptpunkt der Aufklärung, den Ausgang aus der Unmündigkeit, vorzüglich in Religionssachen, „weil in Ansehung der Künste und Wissenschaften unsere Beherrscher kein Interesse haben, den Vormund über ihre Untertanen zu spielen; überdem auch jene Unmündigkeit, so wie die schädlichste, also auch die entehrendste unter allen ist."

Die Aufklärung ist, um es „transzendental" zu formulieren, die Bedingung der Möglichkeit einer privaten und öffentlichen Entwicklung. Kant schließt seine feurige Kampfschrift *Was ist Aufklärung?* mit den zukunftsweisenden Worten: „Wenn denn die Natur unter dieser harten Hülle den Keim, für den sie am zärtlichsten sorgt, nämlich den Hang und Beruf zum freien Denken, ausgewickelt hat: so wirkt dieser allmählich zurück auf die Sinnesart des Volks (wodurch dieses der Freiheit zu handeln nach und nach fähiger wird), und endlich auch sogar auf die Grundsätze der Regierung, die es ihr selbst zuträglich findet, den Menschen, der nun mehr als Maschine ist, seiner Würde gemäß zu behandeln."

Aufklärung als Mut, sich seines Verstandes ohne Leitung eines anderen zu bedienen, ist, wie ich in meinem Buch *Mut zum Ich. Auf der Suche nach dem EigenSinn* (2008, 6. Auflage) zu zeigen versucht habe, auch eine psychologische Frage. Wir haben das Recht, ohne Leitung eines anderen unseren eigenen Gefühlen zu vertrauen und der Stimme unseres Herzens zu folgen. Als Psychotherapeut erfahre ich täglich schmerzhaft, wie Menschen sich selbst entfremdet werden, ihr Selbstbewusstsein verlieren und sich dadurch manipulieren lassen.

Man hat gegen das Aufklärungsstreben Kants den Einwand formuliert, dass er die selbstverschuldete Unmündigkeit des Menschen ausschließlich mit seiner geistigen Unaufgeklärtheit begründete und den Fortschritt in der Erziehung „vernünftiger" Regenten erhoffte. Das ist wahr. Kant hat wie die meisten deutschen bürgerlichen Aufklärer die ökonomisch-klassenmäßigen Schranken der Herrschaftsverhältnisse seines Jahrhunderts nicht im Auge.

Gottfried Stiehler umreißt in seinem Werk *Der Idealismus von Kant bis Hegel. Darstellung und Kritik.* (1970) Größe und Grenzen der Aufklärung des 18. Jahrhunderts prägnant: „Besaß somit die Kritik an der Aufklärung und damit überhaupt die Ideologie des deutschen Idealismus eine Reihe vorwärts weisender Züge, so wohnte ihr zugleich ein regressives Moment inne. Es hing damit zusammen, dass die bürgerliche Umgestaltung Deutschlands nicht von einer revolutionären und politisch organisierten, sondern von einer ökonomisch und politisch schwachen Bourgeoise im Klassenbündnis mit der Aristokratie in Angriff genommen wurde … Die Aufklärung in Deutschland war in starkem Maße mit Erscheinungen der Anpassung an das Feudalsystem durchsetzt; sie spiegelte die Gedrücktheit und Unreife einer Bourgeoise, die sich nicht zu der nationalen und sozialen Geschlossenheit der Bourgeoise im benachbarten Frankreich emporzuarbeiten vermochte."

Die Zeit war für eine politische Umwälzung im Fleckerlteppich Deutschland noch nicht reif. Kants Verdienst ist gleichwohl groß. In seinen Vorlesungen über die Geschichte der Philosophie fasst Georg Wilhelm Friedrich Hegel (1770–1831) rückblickend zusammen: „Kantische, Fichtesche und Schellingsche Philosophie: In diesen Philosophen ist die Revolution als in der Form des Gedankens niedergelegt und ausgesprochen, zu welcher der Geist in der letzteren Zeit in Deutschland fortgeschritten ist … An dieser großen Epoche der Weltgeschichte … haben nur zwei Völker teilgenommen, das deutsche und das französische Volk, so sehr sie entgegengesetzt sind … In Deutschland ist dies Prinzip als Gedanke, Geist, Begriff, in Frankreich in der Wirklichkeit hinausgestürmt."

Die Aufklärung brachte einen Entwicklungssprung in der Geschichte der Menschheit. Michael Schmidt-Salomon spricht in seinem *Manifest des evolutionären Humanismus* von zwei entscheidenden Schritten. Erstens: „Das aufklärerische Projekt einer Entzauberung verlieh dieser einen neuen, ‚rationalen Zauber'. Bei Licht betrachtet sind die Erkenntnisse der (Natur)-Wissenschaften faszinierender als jeder religiöse Schöpfungsmythos … Die Realität hat sich im Zuge ihrer systematischen Erforschung als geheimnisvoller und großartiger herausgestellt, als alle religiösen Spekulationen vergangener Epochen dies erahnen ließen."

Schmidt-Salomon stellt zweitens fest: „Aufklärer haben sich über die Jahrhunderte hinweg keineswegs damit zufrieden gegeben, althergebrachte Gewissheiten zu kritisieren, sie haben vielmehr an deren Stelle positive Gegenentwürfe gesetzt. So diente Epikurs Kritik des angstbesetzten Götterglaubens der Implantierung einer weltlich-freundlichen Ethik. La Metties materialistische Kritik des Idealismus einer unverkrampften Akzeptanz des Sinnlichen, Poppers Kritik des Historizismus der Verteidigung der Idee der ‚offenen Gesellschaft' usw. Das maßgebliche Erbe der Aufklärung sind nicht die Ruinen der überkommenen Traditionen, die mit dem Angriff aufklärerischer Vernunft nicht standhalten konnten, sondern die reichhaltigen Skizzen zum Aufbau einer besseren Gesellschaft, die teils Eingang in die Zivilisation gefunden haben, teils noch auf ihre Wiederentdeckung und Verwirklichung warten."

Kant hätte die heutige esoterisch-religiöse Wissenschaftsverachtung nicht mitgemacht. Er beharrte darauf, dass eine Generation die Fackel der Wissenschaft der anderen weitergebe. In seiner *Anthropologie in pragmatischer Hinsicht* beschreibt er dies so: „Der Trieb der Wissenschaft als einer die Menschheit veredelnden Kultur, hat in dem Ganzen der Gattung keine Proportionen zur Lebensdauer. Der Gelehrte, wenn er bis dahin in der Kultur vorgedrungen ist, um das Feld derselben selbst zu erweitern, wird durch den Tod abberufen, und seine Stelle nimmt der Abc-Schüler ein, der kurz vor seinem Lebensende, nachdem er ebenso einen Schritt weiter getan, wiederum seinen Platz einem anderen überlässt." Kant hätte Goethe zugestimmt, der (in *Maximen und Reflexionen*) rühmt: „Die Geschichte der Wissenschaften ist eine große Fuge, in der die Stimmen der Völker nach und nach zum Vorschein kommen."

Kant, der als Pazifist die Kriegs-Wissenschaft entschieden ablehnte, wusste – freilich nicht in der heutigen Konsequenz –, wozu Wissenschaft missbraucht werden kann. Deshalb rückte er sie in den Kontext der materiellen Menschenrechte und der öffentlichen Wohlfahrt. In seinen *Bemerkungen zu den Beobachtungen über das Gefühl des Schönen und Erhabenen* bekennt Kant: „Ich bin selbst aus Neigung ein Forscher. Ich fühle den ganzen Durst nach Erkenntnis und die begierige Unruhe, darin weiterzukommen, oder auch die Zufriedenheit bei jedem Erwerb. Es war eine Zeit, da ich glaubte, dieses alles könnte die Ehre der Menschheit machen, und ich verachtete den Pöbel, der von nichts weiß. Rousseau hat mich zurechtgebracht. Dieser verblendende Vorzug verschwindet; ich lerne die Menschen ehren und ich würde mich viel unnützer finden wie den gemeinen Arbeiter, wenn ich nicht glaubte, dass diese Betrachtung allen übrigen einen Wert erteilen könne, die Rechte der Menschheit herzustellen."

Es ist die von Max Horkheimer und Theodor Adorno beschworene „Dialektik der Aufklärung", die aus dem Zuwachs des wissenschaftlichen Wissens Fortschritt oder Zerstörung beschert. Die Flucht aus der Verantwortung der Wissenschaft markierte der ungarisch-amerikanische Kernphysiker Edward Teller, Mitarbeiter an der Atombombe, wenn er behauptete: „Der Wissenschaftler ist verantwortlich für die Erklärung seines Wissens, nicht aber dafür, wie dieses Wissen angewendet wird." Dem setzten die Atomphysiker im *Göttinger Manifest* von 1957 aus bitterer Erfahrung das wissenschaftliche

Verantwortungspostulat entgegen: „Die Tätigkeit von uns Wissenschaftlern, die der reinen Wissenschaft und ihrer Anwendung gilt und bei der wir viele junge Menschen unserem Gebiet zuführen, belädt uns mit einer Verantwortung für die möglichen Folgen dieser Tätigkeit."

Der Philosoph Friedrich Wilhelm Joseph von Schelling (1775–1854) rühmte in seinem Zeitungsnachruf 1804 „das reine Gold" der Kantischen Philosophie. Ein Zeitgenosse Kants, der bekannte Theologe Paulus schrieb 1802: „Wie Herz erhebend waren die Jahre der Kantischen Morgenröte! Lang angebetete Vorurteile verkrochen sich. Die Kraft des Denkens erhob sich zu einem für alle Arten von Despotismus furchtbaren Ansehen! Alle Fächer waren bereit, sich diesem Zepter, der Herrschaft der Gründe zu unterwerfen. Warum? Die Moralität der Menschen war angeregt worden mit Macht. Alle Tätigkeit wurde geheiligt und alles Heilige aus der trägen Passivität der Aftertheologie zur Aktivität aufgefordert."

Das Nachbeben von Kants Revolution der Vernunft erschütterte noch das 20. Jahrhundert. So sah es wenigstens das Magazin DER SPIEGEL (1/2004) am 200. Todestag Immanuel Kants. Das Magazin schrieb: „Sogar der Zusammenbruch hochgerüsteter Machtkomplexe wie jener des marxistischen Ostblocks oder der Nazi-Herrschaft lässt sich, zumindest im Nachhinein, als Sieg dieser selbstkritischen Vernunft über einen neuen Glauben interpretieren, auch wenn zum Ende dieser Systeme Selbsterschöpfung und die entschlossene Gegnerschaft ihrer Feinde beigetragen haben, die sich auf die Weltmoral der Menschenrechte beriefen."

In einem Vorwort des Buches *Prüfung der Mendelsohnschen Morgenstunden* (1768) von Ludwig Heinrich Jakob ruft uns Kant eine Art geistiges Vermächtnis nach: „Haltet, wenn anders Ihr Freunde des Menschengeschlechts und des Heiligsten an ihm sein wollt, fest an der Vernunft als letztem Probierstein der Wahrheit; denn eben hierin, d.h. dem Grundsatz des Selbstdenkens, und nicht in einer Summe theoretischer Kenntnisse, wie manche sich einbilden, besteht wahre Aufklärung!"

Der Friede: Das Meisterstück der Vernunft

Toby sagt im Tristan Shandy zu einer Fliege, die ihn lange beunruhigt hatte, indem er sie zum Fenster hinauslässt: „Gehe, du böses Tier, die Welt ist groß genug für mich und dich!“ Und dies könnte jeder zu seinem Wahlspruche machen. Wir müssen uns nicht einander lästig werden; die Welt ist groß genug für uns alle.

Kant

Mit seiner Schrift *Zum ewigen Frieden* gelingt Kant 1795 sein durchschlagender publizistischer Erfolg. Man reißt ihm das Traktat förmlich aus der Hand. Bereits im ersten Jahr erscheint die zweite Auflage in Deutschland, allein drei weitere französische Übersetzungen folgen.

"Der Friedenszustand ist kein Naturzustand, er muß gestiftet werden."
Kant

Gerade die Franzosen empfinden die Übereinstimmung der republikanischen und friedenspolitischen Ideen Kants mit dem Geist ihrer Revolution. Selbst der General Bonaparte lässt sich als Erster Konsul eine kurz gefasste Darstellung der Kantschen Philosophie durch den Kantkenner und ehemaligen Emigranten Charles de Villers erstellen. Verstanden hat er sie allerdings nicht.

Kants Schrift ist hochaktuell und verdankt ihren Anlass dem so genannten Basler-Frieden. In der Schweizer Grenzstadt wird am 5. April 1795 der dreijährige Krieg zwischen dem republikanischen Frankreich und der preußischen Monarchie mit einem Separatfrieden beendet. Es ist allerdings nur ein Scheinfrieden, der gerade zehn Jahre währt. Dann überrennt Napoleon das alte Preußen, und das Heilige Römische Reich Deutscher Nation löst sich ein Jahr später wie ein Gespensterspuk selbst auf. Der Krieg ist ein Moloch, oder, wie Kaiser Napoleon I., zu Metternich in Dresden 1813 sagt: „Ein Mensch wie ich pfeift auf das Leben einer Million Menschen."

Ist deswegen der Gedanke eines ewigen Friedens eine Illusion? Immerhin sprechen die Friedensforscher von rund zwanzigtausend Kriegen seit Beginn der Menschheit mit über einer Milliarde Toten! Durch zwei Jahrtausende hindurch faseln Theologen vom „gerechten Krieg". Der preußische General von Moltke schreibt 1880 in einem Brief, der Friede sei kein Traum, sondern sogar ein Albtraum, der Krieg hingegen erweise sich als notwendiges Element einer gottgewollten Ordnung. Nach dem Blutbad des Ersten Weltkriegs meint der pessimistische Kulturphilosoph Oswald Spengler (1880–1936): „Ideen, die Blut geworden sind, fordern Blut. Krieg ist die ewige Form höheren menschlichen Daseins, und Staaten sind um des Krieges Willen da." US-Präsident Bush bezeichnet, knapp hundert Jahre später, den Irak-Überfall als „Krieg gegen den Terrorismus". Und im Jahre 2002 glaubt auch der deutsche Verteidigungsminister Peter Struck (SPD), dass „die Sicherheit Deutschlands auch am Hindukusch" in Afghanistan verteidigt werden müsse.

Andererseits ist die Idee des ewigen Friedens eine der glühendsten Wunschträume der

Menschheit, seitdem der Prophet Jesaja ein Zeitalter ankündigte, in dem die Schwerter zu Sicheln und die Speere zu Pflugscharen umgeschmiedet werden würden. Die Aufklärer ringen immer wieder um die Idee eines definitiven Friedens. Voltaire ist skeptisch. Er hält den Gedanken nicht für „unsinnig an sich, weist aber kritisch darauf hin, dass ein solcher Friede ebenso wenig zwischen „Herrschern" möglich sei wie der „zwischen Elefant und Rhinozeros, zwischen Wolf und Hund". Der Friedenstraum sei nur dann zu verwirklichen, wenn es gelänge, die Menschen darüber aufzuklären, dass durch die Kriege nur eine Handvoll von Generälen und Geschäftemachern etwas gewinne.

Rousseau knüpft in seiner 1761 veröffentlichten Schrift *Auszug aus dem Projekt eines ewigen Friedens* des Abbé de Saint-Pierre an dessen Weltfriedensplan an und spricht sich für eine Art internationalen *Gesellschaftsvertrag* in Form einer Weltrepublik aus. In Diderots *Enzyklopädie* heißt es hinsichtlich des Krieges einschränkend: „Das Blut des Volkes darf nur vergossen werden, um dasselbe Volk aus der äußersten Not zu retten... Angenommen jedoch, ein

Krieg wäre nur im äußersten Notfall aus einem gerechten Grund unternommen, nämlich um der Selbsterhaltung willen, so muss man doch, während man ihn führt, in den Grenzen der Gerechtigkeit verbleiben und darf die Feindseligkeiten nicht über deren Grenzen und unbedingte Erfordernisse hinaus ausdehnen."

In Anspielung an die paragraphierten diplomatischen Friedensverträge seiner Zeit überschreibt Kant die Abschnitte seiner Schrift *Zum ewigen Frieden* mit einem Präliminarartikel, mehreren Definitivartikeln, Zusätzen und einem Geheimen Artikel. Was indes so juristisch und steifleinern daherkommt, hat es in sich; es ist purer Republikanismus und Kritik des Bestehenden, des faulen *status quo*.

Er beginnt mit einem Satz, den Hitler und das Auswärtige Amt beim Abschluss des angeblich Frieden verheißenden Deutsch-Sowjetischen Nichtangriffspakts von 1939 gröblich missachteten. Tatsächlich folgte darauf im Juni 1941 der Überfall der deutschen Wehrmacht auf Russland und die Aufteilung Polens. Kant: „Es soll kein Friedensschluss zu einem solchen gelten, der mit dem geheimen Vorbehalt des Stoffs zu einem künftigen Krieg gemacht worden." Erläuternd fügt Kant hinzu: „Denn alsdenn wäre er ja ein bloßer Waffenstillstand, Aufschub der Feindseligkeiten, nicht Friede, der das Ende aller Hostilitäten (Feindschaften – M.J.) bedeutet ... Die vorhandenen ... Ursachen zum künftigen Kriege sind durch den Friedensschluss insgesamt vernichtet, sie mögen auch aus archivarischen Dokumenten mit noch so scharfsichtiger Aussperrungsgeschicklichkeit ausgeklaubt sein."

Das will sagen, die Kriegsgründe sind meist an den Haaren herbeigezogen, ob es sich beim Ersten Weltkrieg um die „Demütigung" der Ententemächte durch das Attentat auf den österreichischen Thronfolger in Sarajewo handelt, oder den von Hitlers Agenten fingierten Überfall „polnischer" Soldaten auf den deutschen Sender Gleiwitz: „Ab 5:45 Uhr wird zurückgeschossen."

Dann wendet sich Kant gegen die zu seiner Zeit übliche Länderschacherei durch die Fürsten, die besonders von den Habsburgern nach dem

Motto praktiziert wurde: *Alii bella gerunt, tu felix Austria nube, Andere mögen Kriege führen, du aber glückliches Österreich heirate*. Kant: „Es soll kein für sich bestehender Staat (klein oder groß, das gilt hier gleich viel) von einem anderen Staate durch Erbung, Tausch, Kauf oder Schenkung erworben werden können." Der Gesellschaftsvertrag besteht aus den Bürgern, die ihn geschlossen haben, aber er darf nicht von fremder Seite disponiert werden: „Ihn aber, der selbst als Stamm seine eigene Wurzel hatte, als Pfropfreis einem anderen Staate einzuverleiben, heißt seine Existenz, als einer moralischen Person, aufheben, und aus der letzteren eine Sache machen, und widerspricht also der Idee des ursprünglichen Vertrags, ohne die sich kein Recht über ein Volk denken lässt."

Konkret wendet sich Kant auch gegen die Praxis jener Staaten, die sich, wie die Engländer im Kolonialkrieg gegen Amerika, auf dem europäischen Festland Söldner kauften: „Auch die Verdingung der Truppen eines Staates an einen anderen, gegen einen nicht gemeinschaftlichen Feind, ist dahin zu zählen; denn die Untertanen werden dabei als nach Belieben zu handhabenden Sachen gebraucht und verbraucht."

Wenn wir in der Bundesrepublik seit Jahrzehnten die zähe Auseinandersetzung um die Umwandlung der Bundeswehr in eine Berufsarmee erleben, so bleibt uns bei dem viel weitreichenderen Vorschlag Kants sozusagen das Herz stehen. Er befindet: „Stehende Heere sollen mit der Zeit ganz aufhören". Die Begründung ist messerscharf: „Denn sie bedrohen andere Staaten unaufhörlich mit Krieg, durch die Bereitschaft, immer dazu gerüstet zu erscheinen; reizen diese an, sich einander in (der) Menge der Gerüsteten, die keine Grenzen kennt, zu übertreffen, und ... so sind sie selbst Ursache von Angriffskriegen." Außerdem werden nach Kant als Söldner verkaufte Menschen „als bloße Maschinen und Werkzeuge in der Hand eines anderen Staats" degradiert.

Wenn die so genannte Dritte Welt heutzutage durch die Schuldenfalle und finanzielle Garotte (Würgeinstrument) der reichen Industriestaaten in künstlicher Armut gehalten wird, so hält Kant auch hier eine Medizin bereit: „Es sollen keine

Staatsschulden in Beziehung auf äußere Staatshändel gemacht werden." Reiche Länder trieben damit arme Staaten in einen „unvermeidlichen Bankerott". Überhaupt soll sich nach Kant „kein Staat ... in die Verfassung und Regierung eines anderen Staats gewalttätig einmischen". Kants Anmerkung könnte zum Irak und seinen nach dem Einmarsch der Amerikaner ausgebrochenen inneren Wirrungen verfasst sein: „Solange aber dieser innere Streit noch nicht entschieden ist, würde diese Einmischung äußerer Mächte Verletzung der Rechte eines mit seiner inneren Krankheit ringenden, von keinem andern abhängigen Volks, selbst also ein gegebener (gemachter – M. J.) Skandal sein, und die Autonomie aller Staaten unsicher machen."

Kant ist kein versponnener Utopist und auch kein passiver Schreibtischphilosoph. Der Friede fällt uns nicht in den Schoß, er ist eine Aufgabe: „Der Friedenszustand unter Menschen, die nebeneinander leben, ist kein Naturstand, der vielmehr ein Zustand des Krieges ist, d. i. wenngleich nicht immer ein Ausbruch der Feindseligkeiten, doch immerwährende Bedrohung mit denselben. Er muss also gestiftet werden." So hat es auch Albert Einstein in seiner berühmten Schrift *Warum Krieg?* formuliert: „Wir müssen bereit sein, heroische Opfer, wie wir sie widerspruchslos im Krieg hinnehmen, für die Sache des Friedens zu bringen. Es gibt keine wichtigere Aufgabe für mich und keine, die mir mehr am Herzen liegt."

Kant, der sein Gehalt vom preußischen König bezieht, plädiert offen für das Ende des Absolutismus: „Die bürgerliche Verfassung in jedem Staate soll republikanisch sein." Kant: „Die erstlich nach Prinzipien der Freiheit der Glieder einer Gesellschaft (als Menschen); zweitens nach Grundsätzen der Abhängigkeit aller von einer einzigen gemeinsamen Gesetzgebung (als Untertanen); und drittens, die nach dem Gesetze der Gleichheit derselben (als Staatsbürger) gestiftete Verfassung... ist die republikanische."

Mit methodischer Klarheit arbeitet Kant den Zusammenhang zwischen Demokratie und Frieden heraus: „Nun hat aber die republikanische Verfassung, außer der Lauterkeit ihres Ursprungs, aus dem reinen Quell des Rechtsbegriffs entsprungen zu sein, noch die Aussicht in die gewünschte Folge, nämlich den ewigen Frieden; wovon der Grund dieser ist. – Wenn (es in dieser Verfassung nicht anders sein kann) die Beistimmung der Staatsbürger dazu erfordert wird, um zu beschließen, ‚ob Krieg sein solle, oder nicht', so ist nichts natürlicher, als das, da sie alle Drangsale des Krieges über sich selbst beschließen müssten …, sie sich sehr bedenken werden, ein so schlimmes Spiel anzufangen."

Umgekehrt ist die feudalistische Herrschaft zu verantwortungslos und am Schicksal ihrer Bürger wenig interessiert: „Dahingegen in einer Verfassung, wo der Untertan nicht Staatsbürger, die also nicht republikanisch ist, es die unbedenklichste Sache von der Welt ist, weil das Oberhaupt nicht Staatsgenosse, sondern Staatseigentümer ist, an seinen Tafeln, Jagden, Lustschlössern, Hoffesten und dergleichen durch den Krieg nicht das mindeste einbüßt, diesen also wie eine Art von Lustpartie aus unbedeutenden Ursachen beschließen, und der Anständigkeit wegen die ihm dazu allezeit fertigen diplomatischen Corps die Rechtfertigung desselben gleichgültig überlassen kann."

Wieder geht Kant einen Schritt weiter: „Das Völkerrecht soll auf einen Förderalism freier Staaten gegründet sein.“ Kant begründet das aus der Natur des Gesellschaftsvertrages: „Völker, als Staaten, können wie einzelne Menschen beurteilt werden, die sich in ihrem Naturzustand (d. i. in der Unabhängigkeit von äußern Gesetzen) schon durch ihr Nebeneinandersein lädieren, und deren jeder, um seiner Sicherheit Willen, von dem anderen fordern kann und soll, mit ihm in eine, der bürgerlichen ähnliche Verfassung zu treten, wo jedem sein Recht gesichert werden kann. Dies wäre ein Völkerbund, der aber gleichwohl kein Völkerstaat sein müsste.“ Mehr noch: „So muss es einen Bund von besonderer Art geben, den man den Friedensbund nennen kann, der vom Friedensvertrag darin unterschieden sein würde, das dieser bloß einen Krieg, jener aber alle Kriege auf immer zu endigen suchte.“

Was für moderne Ideen! Kant spricht sogar von einem „Weltbürgerrecht“ und dessen humane Bedingungen: „Das Weltbürgerrecht soll auf Bedingung der allgemeinen Hospitalität (Gastfreundschaft – M. J.) eingeschränkt sein.“

Kants Erläuterung liest sich wie eine Kampfansage gegen Ausländerfeindlichkeit und Kolonialismus: „Es ist hier, wie in den vorigen Artikeln, nicht von Philanthropie, sondern vom Recht die Rede, und das bedeutet Hospitalität das Recht eines Fremdlings, seiner Ankunft auf dem Boden eines anderen wegen, von diesem nicht feindselig behandelt zu werden." Die Konsequenz: „Auch auf diese Art können entfernte Weltteile miteinander friedliche Verhältnisse kommen, die zuletzt öffentlich gesetzlich werden, und so das menschliche Geschlecht endlich einer weltbürgerlichen Verfassung immer näher bringen können."

Weltbürgerrecht und Feindseligkeit, Invasion und Okkupation vertragen sich nicht. Kant argumentiert prinzipienfest: „Vergleicht man hiermit das inhospitale Betragen der gesitteten, vornehmlich handelstreibenden Staaten unseres Weltteils, so geht die Ungerechtigkeit, die sie in dem Besuche fremder Länder und Völker (welches ihnen mit dem Erobern derselben für einerlei gilt) beweisen, bis zum Erschrecken weit. Amerika, die Niederländer, die Gewürzinseln, das Kap etc. waren, bei ihrer Entdeckung, für sie Länder, die keinem angehörten; denn die Einwohner rechneten sie für nichts. In Ostindien (Hindustan) brachten sie, unter dem Vorwande, bloß beabsichtigter Handelsniederlagen, fremde Kriegesvölker hinein, mit ihnen aber Unterdrückung der Eingeborenen, Aufwiegelung der verschiedenen Staaten desselben zu weit ausgebreiteten Kriegen, Hungersnot, Aufruhr, Treulosigkeit, und wie die Litanei aller Übel, die das menschliche Geschlecht drücken, weiterlauten mag." Kant spricht von den „Zuckerinseln" als dem „Sitz der allergrausamsten ausgedachtesten Sklaverei".

Nach Kant kann selbst ein „Volk von Teufeln" durch die republikanische Verfassung zur Räson gebracht werden. Denn es muss sich *de jure,* also auf dem Wege zu einer umfassenden Gesetzgebung, selbst friedlich vergesellschaften. Kant: „Die Natur will unwiderstehlich, dass das Recht zuletzt die Obergewalt erhalte."

Als ein Bürger der reichen Handelsstadt Königsberg setzt Kant darauf, dass der gleichberechtigte Handelsverkehr zwischen Staaten anstelle der Raubkriege, Frieden stiften kann: „Es ist der

Handelsgeist, der mit dem Kriege nicht zusammen bestehen kann, und der früher oder später sich jedes Volkes bemächtigt. Weil nämlich unter allen, der Staatsmacht untergeordneten Mächten die Geldmacht wohl die zuverlässigste sein möchte, so sehen sich Staaten (freilich wohl nicht eben durch ‚Triebfedern' der Moralität) gedrungen, den edlen Frieden zu befördern, und, wo auch immer in der Welt Krieg auszubrechen droht, ihn durch Vermittelungen abzuwehren ... Auf die Art garantiert die Natur durch den Mechanism in den menschlichen Neigungen selbst, den ewigen Frieden; freilich mit einer Sicherheit, die nicht hinreichend ist, die Zukunft desselben (theoretisch) zu weissagen, aber doch in praktischer Absicht zulangt, und es zur Pflicht macht, zu diesem ... Zwecke hinzuarbeiten."

Schiller nimmt diesen Gedanken von der friedensstiftenden Ausbreitung des Handels auf, wenn er die Verse dichtet:

Euch, ihr Götter, gehört der Kaufmann,
Güter zu suchen
Geht er, doch an sein Schiff knüpft das
Gute sich an.

Wenn Kant von der republikanischen Verfassung spricht und die Demokratie meint, ist er doch nicht frei von den Einschränkungen seines bürgerlichen Klassenbewusstseins. Zwar erkennt er an anderer Stelle (in der *Metaphysik der Sitten*) dass sich das Recht über das Medium des Vertrages vermittelt und sich nicht länger einer Treuhandschaft gnadenhaften Gottkönigtums verdankt. Zwar setzt er „den Begriff des Rechts in der Möglichkeit der Verknüpfung des allgemeinen Zwanges mit jedermanns Freiheit unmittelbar". Zwar sieht er nicht nur die Staatsgemeinschaft (vertragsfreier Individuen), sondern sogar die Geschlechtsgemeinschaft von Mann und Frau als den „wechselseitigen Gebrauch, den ein Mensch von eines anderen Geschlechtsorgan und Vermögen macht" (im einklagbaren „Ehevertrag"). Aber der Widerspruch wird manifest, wenn der Königsberger Bürger Kant, der selbst über Köchin und Diener verfügt, die Freiheitsausübung gegen diesen Vierten Stand abgrenzt: „Über jedermann, der nicht nach eigenem Betriebe, sondern nach der Verfügung anderer dient… genötigt ist, seine Existenz (Nahrung und Schutz) zu erhalten, entbehrt der bürgerlichen Persönlichkeit… In dieser Verfassung aber das Recht der Stimmgebung zu haben, d. i. Staatsbürger, nicht bloß Staatsgenosse zu sein, dazu qualifizieren sich nicht alle mit gleichem Recht." Der Diener Lampe bleibt also, Alkoholmissbrauch hin oder her, nur ein „Staatsgenosse" minderer rechtlicher Qualität. Frauen und Farbige sind nach Kant weder zur wissenschaftlichen Erkenntnis noch zur sittlichen Autonomie befähigt(!) – bodenlos unqualifizierte Aussagen, war Kant doch weder liiert, noch jemals bei fremden Völkern gewesen.

Auch in der Eigentumsfrage ist Kant, wie Hume, ein bedingungsloser Verfechter des Privateigentums. Kant, der sich durch Sparen und geschickte Aktienanlagen über seinen englischen Freund Green am Ende seines Lebens ein beträchtliches Vermögen von rund fünfzigtausend Talern erworben hat (ein Diener erhielt höchstens sechzig Taler in einem Jahr), glaubt an die Automatik und Parallelität des Aufstiegs von Wirtschaft und allgemeiner Wohlfahrt. Die Raubtierkrallen eines „Manchester-Kapitalismus" und seine menschliche Verelendung hat Kant noch nicht erlebt. Ähnlich wie der Großgrundbesitzer und vielfache Millionär Voltaire kann er mit Rousseaus scharfer Anklage gegen das Eigentum und dessen Plädoyer für die Sozialpflichtigkeit des Eigentums nichts anfangen. In seiner Brandschrift *Über den Ursprung und die Grundlagen der Ungleichheit* hatte Rousseau, der „Jakobiner“ unter den Philosophen, protestiert: „Der Erste, welcher ein Stück Landes umzäunte, sich in den Sinn kommen ließ zu sagen: dies ist mein und einfältige Leute antraf, die es ihm glaubten, der war der wahre Stifter der bürgerlichen Gesellschaft. Wie viel Laster, wie viel Unheil, wie viel Mord, Elend und Gräuel hätte einer nicht verhüten können, der die Pfähle ausgerissen, den Graben verschüttet und seinen Mitmenschen zugerufen hätte: ‚Glaubt diesem Betrüger nicht; ihr seid verloren, wenn ihr vergesst, dass die Früchte euch allen, der Boden aber niemandem gehört.‘“

Zurück zu Kants Gedanken und seiner Schrift *Zum ewigen Frieden*. Nach der Art von Plato in dessen Politikschrift *Politeia* fordert der Königsberger Denker: „Die Maxime der Philosophen über die Bedingungen der Möglichkeit des öffentlichen Friedens soll von den zum Kriege gerüsteten Staaten zu Rate gezogen werden.“ Denn die Philosophen sind nach Kant die Sachverwalter der Moral: „Die Politik sagt: ‚Seid klug wie die Schlangen'; die Moral setzt (als einschränkende Bedingung) hinzu: ‚Und ohne Falsch wie die Tauben'". Politik ohne Moral ist nach Kant keine Politik. Er zitiert den Rechtssatz *fiat justitia pereat mundus*, das heißt nach Kant zu Deutsch: „‚Es herrsche Gerechtigkeit, die Schelme in der Welt mögen auch insgesamt darüber zugrunde gehen', ist ein wackerer, alle durch Arglist oder Gewalt vorgezeichnete krumme Wege abschneidender Rechtsgrundsatz."

Kant schließt mit den Worten: „Wenn es Pflicht, wenn zugleich begründete Hoffnung da ist, den Zustand eines öffentlichen Rechts, obgleich nur in einer ins Unendliche fortschreitenden Annäherung wirklich zu machen, so ist der ewige Friede, der auf die bisher fälschlich so genannten Friedensschlüsse (eigentlich Waffenstillstände) folgt, keine leere Idee, sondern eine Aufgabe, die nach und nach aufgelöst, ihrem Ziele … beständig näher kommt."

Natürlich fand und findet der Friedenstheoretiker Kant von damals bis heute Gegner, die ihn verlachen. Ein Zeitgenosse reimte überheblich:

Auch liegt eine Stadt in Preußenland –
Den Leuten drinnen wohl bekannt –
Ein Weiser lebte in dieser Stadt;
Derselbe viel geschrieben hat.
Ein Buch von diesem Autor „Kant
Zum ewigen Frieden" ist genannt.
Und wenn's nach Kants Prinzipien ging,
Kein Potentat mehr Krieg anfing,
Beglückte nur sein Volk daheim;
Sind eitel philosophische Träum'.
Absonderlich der Medicin
Sein Plan gereiche zum Ruin,
Dieweil auf jedes Manifest
Folgt unausbleiblich Seuch' und Pest.

Auch der Militärreformer und Militärschriftsteller Carl von Claudewitz (1780–1831) verharmloste: „Der Krieg ist eine bloße Fortsetzung der Politik mit anderen Mitteln." Die US-Air-Force spricht beschwichtigend von ihren „handlichen" *Minimalbombs.*

Und doch ist aus Kants Gedanke des ewigen Friedens und seiner „Idee einer Weltrepublik" eineinhalb Jahrhunderte später die Gründung des Völkerbunds entstanden, aus dem wiederum die UNO hervorgegangen ist. In Artikel 1, Abs. 1 der Menschenrechtskonventionen der Vereinten Nationen vom 16. Dezember 1966 heißt es: „Alle Völker haben das Recht auf Selbstbestimmung. Kraft dieses Rechts entscheiden sie frei über ihren politischen Status und verfolgen in Freiheit ihre wirtschaftliche, soziale und kulturelle Entwicklung."

Staunen, Fragen, Erkennen, Verändern

Es ist gewiss von einem sterblichen Menschen kein größeres Wort noch gesprochen worden, als dieses Kantische, was zugleich der Inhalt seiner ganzen Philosophie ist: Bestimme Dich aus Dir selbst!

Schiller

In der Prachtstraße *Unter den Linden* in Berlin steht das berühmte Friedrichsdenkmal des großen Bildhauers Christian Daniel Rauch: Friedrich II. zu Pferd. Unter ihm gesellen sich Helden, Staatsmänner und Gelehrte. Zwei Männer in bürgerlicher Tracht, ein jüngerer und ein älterer, fallen besonders auf. Es sind die Aufklärer Gotthold Ephraim Lessing und Immanuel Kant. Sie scheinen ins Gespräch vertieft. Zwar haben sich der Künstler und der Denker im realen Leben nie getroffen. Aber sie sind im geis-

"Das Reich Gottes
auf Erden,
das ist die letzte
Bestimmung des Menschen."
Kant

tigen Dialog über den Zustand der Welt, die Unterdrückung und die Befreiung des Geistes untrennbar miteinander verbunden. So sind sie auch unsere Gesprächspartner.

Kant schärft unseren Verstand, unsere Urteilskraft und unser Gewissen. Der Existenzphilosoph Karl Jaspers (1883–1969) notiert am Ende seiner weiträumigen Kantdarstellung (in *Die großen Philosophen*, 1957): „Kants Schritt ist einzig in der Weltgeschichte der Philosophie. Seit Plato ist im Abendland kein Schritt getan, der in der herben Luft des Denkens so umwendende Folgen hat … Hat man Kant angeeignet, soweit das überhaupt möglich ist, so ist es wie nach der Besteigung eines höchsten Berges: Man übersieht alle anderen Berge, und nun wird es leicht, sich zurückzufinden und diese anderen besser kennen zu lernen."

Warum ist seit Jostein Gaarders Bestseller *Sofies Welt* Philosophie wieder „in"? Die Antwort kennen wir im Grunde seit zweitausendfünfhundert Jahren: Philosophie ist ihrem griechischen Wortursprung nach die Liebe zur Wahrheit und Weisheit. Gaarder ist das kleine

Wunder gelungen, diese elementare Sehnsucht durch eine Verbindung zum verlorenen Kind in uns zu erwecken. Staunen, Fragen, Erkennen und Verändern – das macht das Abenteuer des Denkens aus. Die Lust am Denken fasziniert Anfänger ebenso wie erfahrene Gehirnakrobaten. Dennoch verschrecken die klassische Philosophie und ihre akademischen Gralshüter den „uneingeweihten“ Leser oft mit einer schwierigen, codierten Sprache. Sie gilt es zu entschlüsseln (samt Kants befremdlicher zeitgenössischer Interpunktion), und es lohnt sich, wie sich am Ende unserer Kantstudie zeigt.

Freilich empfiehlt es sich für den Laien, zu Kants Frühschriften und republikanischen Altersschriften zu greifen, die frisch geschrieben sind und uns „ofenwarm“ aus der Geistesküche des Denkers entgegenduften. Wie sollte sich Philosophie lernen lassen, fragt Kant und antwortet: „Philosophieren lässt sich nur durch Übung und selbsteigenen Gebrauch der Vernunft lernen.“ Er fügt hinzu: „Selbst denken heißt: den obersten Probierstein der Wahrheit in sich selbst (das ist in seiner eigenen Vernunft) suchen; und die

Maxime, jederzeit selbst zu denken, ist die Aufklärung."

Mit Kant können wir der Welt kraftvoll begegnen. Arsenij Gulyga resümiert (in *Kant,* 1981): „Die Philosophie Kants ist optimistisch. Er liebt nicht nur den Menschen, sondern glaubt an ihn, hofft auf seine Vernunft, seinen Willen, seine Hochherzigkeit. Glaube, Hoffnung, Liebe – diese Triade bedeutete für Kant ebensoviel wie die bereits bekannte des Guten, Wahren und Schönen."

Philosophieren heißt aber auch gegenüber Kant, nicht sprachlos und nur bewundernd vor der Galaxie seines Denkens zu stehen, sondern in die Auseinandersetzung mit ihm einzutreten. Nicht alle erkenntnistheoretischen und moralischen Lösungsangebote überzeugen, wie wir sahen. Um einen weiteren Kritikpunkt hinzuzufügen: Kant pflegt zum Beispiel eine dezidiert männliche, oft logizistische und leibfremde Art des Philosophierens. Als Kritiker führt Gernot Böhme in seiner Würdigung der Kantschen Erkenntnis- und Wissenschaftstheorie *Philosophieren mit Kant* (1986) an (auch in *Das Andere der*

Vernunft, 1983): „Das Andere der Vernunft, sagen wir, von der Vernunft her gesehen, ist das Irrationale, ontologisch das Irreale, moralisch das Unschickliche, logisch das Alogische. Das Andere der Vernunft, das ist inhaltlich die Natur, der menschliche Leib, die Phantasie, das Begehren, die Gefühle. Unsere These ist, oder besser: unsere Erfahrung im Studium des Jahrhunderts der Aufklärung war, dass die Vernunft – entgegen aller öffentlichen Proklamationen von Autonomie und Selbstbestimmung – sich nicht aus sich selbst bestimmt, sondern in ständiger Absetzung, Abgrenzung, in ständiger Auseinandersetzung mit ihrem Anderen. Die Vernunft, die von ihrem Anderen wegblickend es nur per Negationen nennt, nämlich als das Irrationale, erweist sich in ihrem Wesen selbst durch dieses Andere gezeichnet."

Wenn Nietzsche Kant rotzig als den „verwachsensten Begriff-Krüppel, den es je gegeben hat" (*Umwertung aller Werte*) kritisiert, dann ist es natürlich eine grandiose Unverschämtheit, aber sie enthält doch ein Gramm Wahrheit. Nietzsche ist es nämlich, der (in *Die Unschuld des Werdens*) kritisiert: „Ohne den Leitfaden des

Leibes glaube ich an keine gute Forschung." In *Die fröhliche Wissenschaft* rügt er zu Recht: „Philosophie war bisher nur ein Missverständnis des Leibes."

Es bleibt Kants großes Verdienst, uns unsere Hinfälligkeit, aber auch unsere „Intelligibilität" vor Augen geführt zu haben. Der polnische Philosoph Leszek Kolakowski resümierte zu Kants 250. Geburtstag (FAZ, 26.4.1974): „Es dürfte keinen Philosophen gegeben haben, der, wie Kant, nach dem Dasein Gottes und der Unsterblichkeit der Seele verlangend, zugleich eine so große Anstrengung unternahm, um uns zu überzeugen, dass wir grundsätzlich unfähig seien, das Dasein Gottes und die Unsterblichkeit der Seele zu beweisen. Später erscheint beides bei Kant als ‚Postulate der praktischen Vernunft', doch allein diese Lösung zeigt eine neue Zerrissenheit an: diejenige zwischen Wissen und Glauben." Kolakowski zeigt sich angerührt und überzeugt von Kants Erkenntnisdemut: „Je nüchterner und bescheidener wir sein werden, je versöhnter mit den Grenzen, die uns unsere Biologie, unsere Psychologie und unsere Geschichtstradition unseren Zukunftsbildern setzen, je stärker wir uns die traditionellen Unterschiede zwischen Wissen und Glauben, Tatsache und Wert, Notwendigkeit und Freiheit vergegenwärtigen werden …, desto mehr werden wir zu Kantianern in einem zwar partikularen (einzelhaften – M. J.) doch wichtigen Sinn dieses Wortes werden."

Kant reizt die Metaphysiker und Ideologen der Jenseitigkeit bis heute. Der renommierte katholische Philosophiehistoriker Johannes Hirschberger sprach wohl für seine Zunft, wenn er (in *Geschichte der Philosophie. Neuzeit und Gegenwart*, 6. Auflage 1963) den Kant der Religionskritik mit den Worten abwertete: „Hier ist er in der Aufklärung ohne Verständnis für das Historische, das Mysterium, den Kult und das Symbol." Und: „Es gibt aber auch den Kant der praktischen Vernunft, und der fordert, dass man das Ganze der Sinnenwelt nur vom Logos her verstehen und formen solle. Kant möchte also Metaphysiker sein. Das Bleigewicht, das ihn behindert, ist der Empirismus."

Kant würde dagegen vom „Bleigewicht" metaphysischer Verstiegenheit und Überheblichkeit sprechen. Wilhelm Dilthey (1833–1911), der bedeutende Philosoph der Hermeneutik, also der historischen Auslegung, kommt in seinem Werk *Das Wesen der Philosophie* (1907) zu einer stimmigeren, erkenntnislogisch begründeten Würdigung. Dilthey: „Aus der vergeblichen metaphysischen Arbeit entsprang die Untersuchung über die Grenzen des menschlichen Wissens. Und die Erkenntnistheorie erfasste im Lauf ihrer Entwicklung allmählich die universalste Stellung des Bewusstseins zu dem ihm Gegebenen, die daher auch unser Verhältnis zum Welt- und Lebensrätsel am vollkommensten ausdrückt. Philosophie ist die Besinnung des Geistes über alle seine Verhaltensweisen, bis in deren letzte Voraussetzungen. Dieselbe Stellung wie Platon hat Kant der Philosophie gegeben." Dilthey rühmt Kants umfassendes geistiges Spektrum: „Die Weite seines Blickes zeigt sich darin, dass eine Kritik und Begründung des Wissens sich gleichmäßig erstreckt auf Wirklichkeitserkenntnis, wie auf die Beurteilung ästhetischer Werte und die Prüfung des teleologischen (auf einen Letztzweck gerichteten – M.J.) Prinzips der Weltbetrachtung und auf die allgemeingültige Begründung der sittlichen Regeln."

Kants kritisches Denken bewahrt uns vor Fanatikern aller Couleur, die uns den Himmel versprechen und die Hölle bereiten. In seiner Frühschrift *Versuch über die Krankheiten des Kopfes* (1764) warnt er: Der Fanatiker „ist eigentlich ein Verrückter von einer großen Vertraulichkeit mit den Mächten des Himmels. Die menschliche Natur kennt kein gefährlicheres Blendwerk." Kant verschließt uns die Tore zu jedweden himmlischen Paradiesen, dafür rüstet er uns für das Diesseits mit dem Proviant der kritischen Vernunft aus. „Wer sich an Kant hält", schreibt der Dichter Christian Morgenstern in seinem Denkwerk *Stufen*, „dem muss alle Metaphysik erscheinen wie das hartnäckige Surren einer großen Fliege an einem fest geschlossenen Fenster. Überall wird das Tier einen Durchlass vermuten, und nirgends gewährt die unerbittliche Scheibe etwas anderes als Durchsicht."

Ohne Kant und die europäische Aufklärung könnte eine so bedeutende Psychoanalytikerin wie Margarete Mitscherlich nicht (in *Eine unbeugsame Frau*, 2007) ohne Angst vor dem Scheiterhaufen den nüchternen Satz sagen: „Aber es bleibt uns nichts anderes übrig, als uns damit abzufinden, dass wir irdisch sind, kein Gott im Himmel über uns wacht und immer bei uns ist, dass wir geboren wurden und nie mehr in Mutters Bauch zurückkönnen. Und wenn wir uns verlieben, müssen wir mit einem umgehen, der genauso allein sein muss."

Statt in die trauliche Schummrigkeit metaphysischer Nebel führt uns Kant in eine fröstelige alpine Höhenlust nüchterner Klarheit. Der ehemalige Schweizer Pfarrer und Freitodbegleiter Werner Kriersi formuliert (in *Svenja Flaßpöhler, Mein Wille geschehe. Sterben in Zeiten der Freitodhilfe*, 2007) diesen ernüchternden Sachverhalt so: „Wir haben sozusagen das Himmelsdach eingeschlagen durch Kopernikus und die Aufklärung. Wir haben eine Geborgenheit verloren, die der antike und der mittelalterliche Mensch hatte. Die haben schwerste Lebensverhältnisse durchstehen können dank dieser, sagen wir: metaphysischen Geborgenheit. Ich sage nicht als Theologe, dass es ein Fehler ist, dass wir diese metaphysische Geborgenheit verloren hätten. Das ist eine geistesgeschichtliche Entwicklung, die weit über den Willen des Einzelnen hinausgeht. Und ich bin überzeugt, dass die hineinführt in ein neues Lebensverständnis, in neue Lebensverhältnisse, dass wir sozusagen inmitten einer gewaltigen geistigen Krise leben, die nicht zu umgehen ist, die wir durchstehen und durchleiden müssen für neue Lebensverhältnisse. Das ist, wie wenn man am Umziehen ist, man hat die alte Wohnung verlassen und die neue noch nicht gefunden, man ist noch nicht heimisch."

Der „Alleszermalmer" der Metaphysik hat den Tod nicht gefürchtet. Er starb langsam. Seine Freunde berichteten am Jahresende 1803/04: „Kants irdische Hülle nähert sich ihrer Auflösung. Er hat kaum noch einiges Bewusstsein. Seine Sprache ist gebrochen, seine Gedanken verworren, seine Geisteskraft auch bis zum Schatten geschwunden. Er sieht übrigens sehnsuchtsvoll, aber standhaft seinem Ende entgegen."

Der Junggeselle Kant war entgegen den Darstellungen Heines („mechanisch geordnetes, fast abstraktes hagestolzes Leben") und Nietzsches („pedantische Seele", „der Chinese von Königsberg") ein geselliger Menschenfreund. Seinen Freunden hielt er unbedingte Treue. Bis in seine letzten Tage begleitet und versorgt ihn sein Freund Wasianski. Ab dem 7. Februar 1804 bleibt der äußerst geschwächte Kant, wie Karl Vorländer berichtet, im Bett: „Am Donnerstag zeigte sein Antlitz schon den hippokratischen Zug (Todesgesicht – M. J.), auch blieb er seitdem meist ohne Bewusstsein. Freitagvormittag erkannte er noch Wasianski, erwiderte dessen Morgengruß und streichelte ihm liebevoll die Wange. Als der Getreue ihn am folgenden Tage fragte, ob er ihn noch kenne, vermochte er nicht mehr zu antworten, reichte ihm jedoch – etwas ganz Ungewöhnliches bei ihm – seinen blassen Mund zum Kusse. Der Freund blieb auch in der letzten Nacht, vom 11. auf den 12. Februar, am Lager des Sterbenden und reichte ihm öfter zur Erquickung einen Löffel mit einer Mischung von Wein, Wasser und Zucker, bis er zuletzt leise sagte: ‚Es ist gut.' Das waren die letzten Worte, die aus Kants Munde kamen … Den 12. Februar ca. mittags um elf Uhr starb Herr Professor Immanuel Kant, alt neunundsiebzig Jahre, zehn Monate, ohne vorhergegangene Krankheit an der eigentlichen Entkräftung vor Alter."

Kant nahm den Tod wie ein Sokrates, ein Seneca, ein Montaigne, ein Spinoza und ein Voltaire mit Würde an. Sein gesamtes philosophisches Denken spitzte sich, wie Schiller rühmte, zur Aufforderung zu: „Bestimme Dich aus Dir selbst!". Der ihn verehrende Dichter fügte Kants philosophische Dekonstruktion und denkerischen Neubau in die Reime:

Weh! Weh!
Du hast sie zerstört,
Die schöne Welt,
Mit mächtiger Faust –
Sie stürzt, sie zerfällt!
Ein Halbgott hat sie zerschlagen.
Wir tragen
Die Trümmer in's Nichts hinüber
Und klagen
Über die verlorene Schöne.
Mächtiger
Der Erdensöhne,
Prächtiger
Baue sie wieder,
In deinem Busen bau' sie auf!

Philosophieren mit und nach Kant ist ebenso gefährlich und irritierend wie beglückend und befreiend. „Die Philosophie ist eine hohe Alpenstraße“, befand der junge Arthur Schopenhauer (1788–1860), ein geistiger Schüler Kants (*Gedanken der Reise*, 1810/11): „Zu ihr führt nur ein steiler Pfad über spitze Steine und stechende Dornen: er ist einsam und wird immer öder, je höher man kommt, und wer ihn geht, darf kein Grausen kennen, sondern muss alles hinter sich lassen und sich getrost im kalten Schnee seinen Weg selbst bahnen. Oft steht er plötzlich am Abgrund und sieht unten das grüne Tal: dahin zieht ihn der Schwindel gewaltsam hinab; aber er muss sich halten, und sollte er mit dem eigenen Blut die Sohlen an den Felsen kleben. Dafür sieht er bald die Welt unter sich, ihre Sandwüsten und Moränen verschwinden, ihre Unebenheiten gleichen sich aus, ihre Misstöne dringen nicht hinauf, ihre Rundung offenbart sich. Er selbst steht immer in reiner, kühler Alpenluft und sieht schon die Sonne, wenn unten noch schwarze Nacht liegt.“

Kant hinterlässt uns einen Kategorischen Imperativ irdischer und nahrhafter Art. In der *Reli-*

gion innerhalb der Grenzen der bloßen Vernunft fordert der Denker aller Denker bescheiden und bestimmt: „Das Reich Gottes auf Erden: das ist die letzte Bestimmung des Menschen."

Fliegen wir also, wie weit uns das auch immer gelingen mag, mit den „Schmetterlingsflügeln der Vernunft" (Kant) aus dem fatamorganischen „Schlaraffenland der Metaphysik" (Kant) in das Reich der realen Notwendigkeit und Freiheit.

Ein Verlag, ein Haus, eine Philosophie.

Millionen Bundesbürger kennen den kämpferischen Ganzheitsarzt Dr.-Max Otto Bruker (1909–2001) aus dem Fernsehen, aus Vorträgen, durch den „Mundfunk" überzeugter Patienten. Vor allem lesen sie aber die rund 30 Bücher des schwäbischen Humanisten und Seelenarztes. Mit einer Gesamtauflage von über drei Millionen Exemplaren ist Max-Otto Bruker der wohl bedeutendste medizinische Erfolgsautor im deutschsprachigen Raum. Der – in der Nachfolge des Schweizer Reformarztes Bircher-Benner scherzhaft „Deutschlands Vollwertpapst" genannte Massenaufklärer, langjährige Klinikchef und Ernährungsspezialist lehrt zwei fundamentale Erkenntnisse Patienten wie Gesunden: Der Mensch wird krank, weil er sich falsch ernährt. Der Mensch wird krank, weil er falsch lebt.

Hinter den Erfolgstiteln des emu-Verlages steht ein bedeutender Forscher und Arzt, eine Bewegung, ein Haus und tausende Schülerinnen und Schüler. 1994 wurde das „Dr.-Max-Otto-Bruker-Haus", das Zentrum für Gesundheit und ganzheitliche Lebensweise, auf der Lahnhöhe in Lahnstein bei Koblenz bezogen. Es stellt die äußere Krönung des Brukerschen Lebenswerkes dar: Der lichte Bau mit seinem Grasdach, den Sonnenkollektoren und den Wasserrecyclinganlagen, seinen Seminarräumen, dem Foyer mit der Glaskuppel und dem liebevollen Biogarten ist als Treffpunkt für all jene konzipiert, denen körperliche und seelische Gesundheit, ökologische und spirituelle Harmonie Herzensbedürfnis und Sehnsucht sind.

Hinter dem eleganten Halbmondkorpus verbirgt sich eine Begegnungsstätte für Gesundheitsbewusste, Seminarteilnehmer, Trost-, Ruhe- und Anregungsbedürftige.

Das Dr.-Max-Otto-Bruker-Haus

Feste Termine:

Jeden Montag, 18.30 Uhr: Fragestunde mit Ilse Gutjahr-Jung (Theorie und Praxis der vitalstoffreichen Vollwertkost)
Jeden Dienstag, 18.30 Uhr: Vortrag Dr. phil. Mathias Jung (Lebenshilfe und Philosophie)
Jeden Mittwoch, 10.30 Uhr: Fragestunde mit Dr. med. Birmanns (Ärztlicher Rat aus ganzheitlicher Sicht)

Ausbildung Gesundheitsberater/in GGB
Lebensberatung/Frauen-, Männer- und Paargruppen

Die vitalstoffreiche Vollwertkost hat ihre Verbreitung, auch im klinischen Bereich, durch die unermüdliche Information und praktische Durchführung von Dr. M. O. Bruker gefunden. Um die Erkenntnisse gesunder Lebensführung und die durch falsche Ernährung provozierte Krankheitslawine ins öffentliche Bewusstsein zu rücken, bildet die von ihm 1978 gegründete „Gesellschaft für Gesundheitsberatung GGB e. V." Gesundheitsberaterinnen und Gesundheitsberater GGB aus. Über 4000 Frauen und Männer haben bislang die berufsbegleitende Ausbildung bestanden und wirken in Volkshochschulen, Bioläden, Lehrküchen, Krankenhäusern, ärztlichen Praxen, Krankenversicherungen und ähnlichen Bereichen.

Auf der Lahnhöhe erhalten sie durch das GGB-Expertenteam nicht nur eine sorgfältige Grundlagenausbildung über die vitalstoffreiche Vollwerternährung und den Krankmacher der „entnatürlichten" (denaturierten) Zivilisationsernährung (raffinierter Fabrikzucker, Auszugsmehle, fabrikatorische Öle und Fette, tierisches Eiweiß usw.), sondern gewinnen auch Einblick in die leibseelischen Zusammenhänge der Krankheiten.

Anfragen zur Gesundheitsberater-Ausbildung wie zu den Selbsterfahrungsgruppen, Lebensberatung, Paartherapie und Psychotherapie bei Dr. Mathias Jung und weiteren Tages- und Wochenendseminaren sowie Einzelberatung sind zu richten an die Gesellschaft für Gesundheitsberatung GGB e.V., Dr.-Max-Otto-Bruker-Str. 3, 56112 Lahnstein (Tel.: 02621/917010, 917017, 917018, Fax: 02621/917033).

Fordern Sie ebenfalls ein kostenloses Probe-Exemplar der Zeitschrift „Der Gesundheitsberater" an.

Von Dr. Jung sind im emu-Verlag bisher in der „blauen reihe“ erschienen:

Von Dr. Jung sind im emu-Verlag bisher in der „roten reihe“ erschienen:

Von Dr. Jung sind im emu-Verlag bisher in der „gelben reihe“ erschienen:

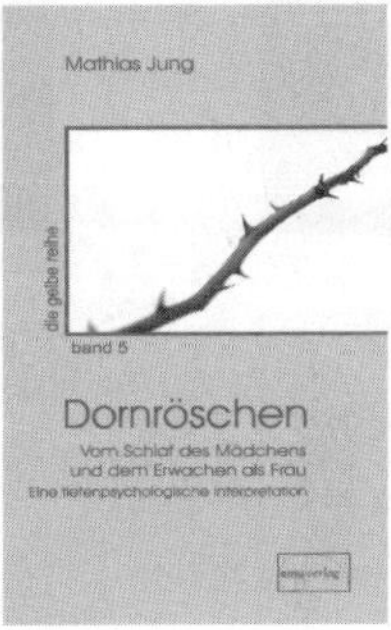

Von Dr. Jung sind im emu-Verlag bisher in der Sprechstunden-Reihe erschienen:

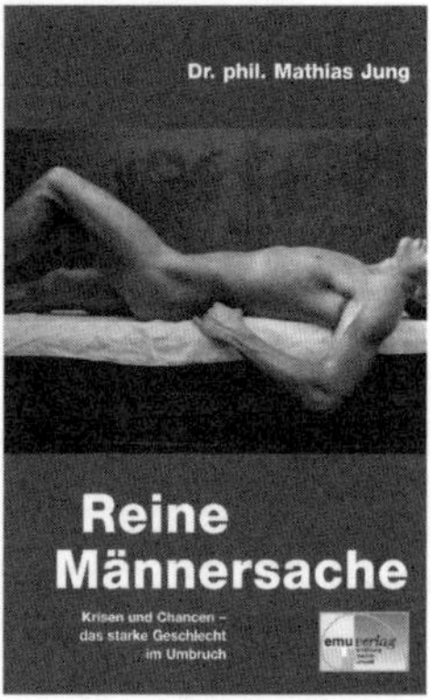

Dr. phil. Mathias Jung
Trennung als Aufbruch
Bleiben oder gehen?
Ein Ratgeber aus der paartherapeutischen Praxis.
emu verlag

Dr. phil. Mathias Jung
Mut zum Ich
Auf der Suche nach dem EigenSinn.

Dr. phil. Mathias Jung
das sprachlose Paar
Wege aus der Krise
emu verlag

Mathias Jung
Sucht
Abhängigkeiten im Alltag:
Wege zur Klarheit

Dr. phil. Mathias Jung
Liebesarbeit
Das Paar -
Jugend, Lebensmitte, Alter
emu verlag

Dr. phil. Mathias Jung
Mein Charakter
mein Schicksal?
Die Kunst,
sich zu erkennen
und sich
zu entwickeln
emu verlag

Dr. phil. Mathias Jung
Die erschöpfte
Seele
Depression:
Wege aus der Dunkelheit
emu verlag

Mathias Jung
wie
der himmel
sich öffnet
die blutflüssige frau
die tochter des jairus
Eine Bibelinterpretation
nach Walther H. Lechler
emu verlag

Von Dr. Jung sind in Zusammenarbeit mit
Andrea Montermann (Illustrationen)
folgende Titel erschienen:

Von Dr. Jung sind im emu-Verlag folgende Vorträge als Audiokassetten bzw. CDs erschienen:

Lebensberatung

- Mein Charakter – mein Schicksal?*
- Depression – Wege aus der Dunkelheit
- Das Verdrängte in unserer Seele
- Die Wunde der Ungeliebten
- Das Nein in der Liebe
- Was ist der Sinn des Lebens?
- Meine Sprache – meine Seele
- Söhne brauchen Väter
- Krankheit als Kränkung und Anpassung
- Eifersucht – ein Schicksalsschlag?*
- Der Mann – ein emotionales Sparschwein*
- Geschwisterliebe – Geschwisterrivalität*
- Verlassen und verlassen werden
- Neurodermitis – Fehlernährter Körper – Aufgekratzte Seele
- Das sprachlose Paar*
- Zweite Lebenshälfte – Endlichkeit und Aufbruch
- Das Drama der Trennung*
- Ein Zimmer für mich
- Mut zur Angst
- Sexualität – Lust und Last
- Außenbeziehung – Krise oder Chance
- Liebesverträge in der Beziehung
- Lob der Einsamkeit
- Aggressionen unter Liebenden
- Mehr Zeit für mich
- Alkoholkrank: Der Betroffene und seine Familie
- Lebensbedingte Krankheiten nach Dr. M. O. Bruker
- Meditation: Freude Angst – Hoffnung
- Alter und Tod. Rätsel der Natur
- Verzeihen und Versöhnen*
- Frieden mit den Eltern
- Das Paar im Wandel: Jugend, Mitte, Alter
- Sexueller Missbrauch
- Seele – Sucht – Sehnsucht*
- Organtransplantation – Sterben auf Bestellung?
- Humor und Zärtlichkeit
- Suizid – der Betroffene und die Angehörigen
- Übergewicht – der Kampf mit dem eigenen Körper
- Das Rätsel psychosomatischer Krankheiten*
- Arbeit – Fluch oder Lebenselixier

Märchen

- Der kleine Prinz – mein verschüttetes Ich*
- Froschkönig – Glück und Zähneklappern der Liebe
- Das verletzte Kind in mir oder Hans mein Igel*
- Sein und Schein oder Des Kaisers neue Kleider
- Schneewittchen oder Das Drama des Neides
- Siddharta: das Rätsel des Lebens*
- Eisenhans oder Wie ein Mann ein Mann wird
- Das tapfere Schneiderlein oder Mut zum Leben
- Eigensinn oder Die Möwe Jonathan

* auch als CD erhältlich

- Elternablösung – Hänsel und Gretel*
- Außenseiter – Das hässliche Entlein*
- Befreiung der Weiblichkeit – Das Märchen Blaubart*
- Tödliches Schweigen – Der Fischer und seine Frau
- Schneewittchen – Der Mutter-Tochter-Konflikt
- Dornröschen – Das Erwachen zur Frau*
- Das kalte Herz – Ein Männermärchen*
- Rapunzel – Der Prozess der Ablösung

Philosophie

- Sokrates oder Die Norm meines Gewissens
- Seneca oder Die Freude des Augenblicks
- Augustinus oder Der Zwiespalt
- Giordano Bruno oder Die neue Welt
- Montaigne oder Das Leben als Meisterstück
- Descartes oder Der Januskopf der Wissenschaft
- Spinoza oder Das Abenteuer der Diesseitigkeit
- Hobbes oder Die Zähmung der Bestie Mensch
- Leibniz oder Die Beste aller Welten
- Hume oder Das Ende des dogmatischen Schlummers
- Voltaire oder Die Waffe des Geistes
- Kant oder Die Mündigkeit
- Hegel oder Der Fortschritt
- Feuerbach oder Die Sache mit Gott
- Marx oder Die Entfremdung des Menschen
- Schopenhauer oder Die Qual des Seins
- Nietzsche oder Die Hymne auf das Leben
- Heidegger oder Die Angst
- Jaspers oder Die Weltphilosophie
- Hannah Arendt oder Vom tätigen Leben
- Bloch oder Das Prinzip Hoffnung
- Popper oder Die offene Gesellschaft
- Sartre oder Die Freiheit

Literatur

- Lessing – Die Toleranz
- Wieland – Die Aufklärung
- Goethe – Dichtung und Wahrheit
- Schiller – Der Atem der Freiheit
- Jean Paul – Humor und Menschenliebe
- Hölderlin – Griechenland mit der Seele suchen
- Kleist – Die Zerrissenheit des Menschen
- Novalis – Die blaue Blume der Romantik
- Eichendorff – Posthorn und Waldesrauschen
- Hauff – Die Magie der Märchen
- E. T. A. Hoffmann – Die Elixiere des Teufels